Jennifer McCann

Reisedepeschen aus Bolivien und Peru

Begegnungen zwischen
Wüsten, Bergen und Regenwäldern,
an Straßen und Seen,
in Ruinen und Metropolen

REISEDEPESCHEN

Originalausgabe
Erste Auflage, Oktober 2019, Berlin

ISBN 978-3-96348-007-2

Gestaltung, Karten sowie die Herstellung lagen in den Händen von Johannes Klaus. Die Umschlagillustration erstellte Dana Lungmuss. Das Lektorat übernahm Hanna Schuler. Druck und Bindung realisierte Beltz Grafische Betriebe in Bad Langensalza. Gedruckt wurde auf Wibalin NSB Fühlkarton und Magno Natural, aus nachhaltiger Waldwirtschaft.

Die Deutsche Nationalbibliothek verzeichnet diese Publikation in der Deutschen Nationalbibliografie; detaillierte bibliografische Daten sind im Internet über http://dnb.dnb.de abrufbar.

reisedepeschen.de

Für Timon

Inhalt

Ecuador
Brasilien
Peru
Lima
Bolivien
La Paz
Chile
Argentinien

Prolog
Allein

Mit sechzehn Jahren flog ich das erste Mal für mehrere Wochen allein nach Dublin. Dafür gab es drei Gründe: Erstens wollte ich mein Englisch verbessern, zweitens würde ich die Familie meines Vaters kennenlernen, drittens wollte ich herausfinden, ob ich das Alleinsein emotional überlebte. Den dritten Punkt überprüfe ich seitdem in einigen Abständen. Ich will mir dieser Sache auch wirklich gewiss sein. An manchen Tagen fühle ich mich unselbstständig und abhängig von den Menschen, die mich umgeben. Dann will ich mir beweisen, dass ich die Welt auch ohne Bezugspersonen bewältigen kann. Also stelle ich mich auf die Probe. Immer wieder.

Obwohl ich damals nur drei Wochen von zu Hause weg sein würde, musste ich weinen, als sich das Flugzeug in Bewegung setzte. Für mich war es eine kleine Ewigkeit, die vor mir lag. Ich schämte mich für meine Angst und drehte den Kopf zum Fenster. Kurz vorm Abheben berührte mich eine Hand am Arm. Ein Mann saß neben mir und sagte fröhlich: *»You will see, as soon as you are out there, you don't wanna come back«*. Du wirst sehen, wenn du einmal da draußen bist, willst du nicht mehr zurückkommen.

Wir sprachen noch eine Weile miteinander, doch es sind diese Worte, die jetzt in mir nachhallen. Es war das erste Mal in meinem Leben, dass mir die Freundlichkeit eines Fremden weiterhalf. Und vielleicht legte sie die Basis für alle nachfolgenden Reisen.

Viele Jahre später war der Wunsch nach Selbstmächtigkeit – ein Gefühl, das durch das Reisen und vielleicht insbesondere das Alleinreisen entsteht – so stark, dass ich beschloss, wieder einmal aufzubrechen, nach Bolivien, in die Fremde. Dieses Land ohne Meer, mit einer Landschaft, die kaum kontrastreicher und vielfältiger sein könnte, löste eine Faszination in mir aus, der ich mich nicht länger entziehen wollte.

Dass ich diesen Ausdruck – Fremde – gebrauche, zeigt bereits meine persönliche Perspektive, die ich natürlich nicht ablegen kann. Alle Begegnungen, Erfahrungen, Beobachtungen und Erkenntnisse dieser Reise sind durch mich gefärbt. Wenn ich Menschen beschreibe, liegt es auch an mir, ob ich sie als freundlich, weich, lustig, verschmitzt, nachdenklich, besorgt oder traurig wahrnehme. Ich möchte keine Zustände beschreiben, sondern von einzelnen Momenten erzählen, deren Erleben nicht zuletzt durch meine Gefühlslagen bestimmt wird.

Als man mich vor zehn Jahren fragte, womit ich mein Geld verdienen würde, wenn alles möglich wäre, habe ich geantwortet: Ich würde gern reisen und Geschichten erzählen. Ich glaube, das Universum hat zugehört, als ich diesen Wunsch aussprach: Auf dem Flughafen von Santa Cruz de la Sierra lernte ich den Produzenten einer italienischen Reisedokumentation kennen, die Hälfte meiner Zeit in Südamerika arbeitete ich in seinem Team. Meinen ursprünglichen Plan, in La Paz bei einem Veranstalter für Individualreisen ein Praktikum zu machen, verfolgte ich nur wenige Wochen. Das Reisen lehrte mich bereits, die Gelegenheiten zu ergreifen, den Zufall als Wegweiser zu verstehen. Also nutzte ich die Chance, die mir die Begegnung mit Filippo, dem Produzenten, eröffnet hat.

Meine Geschichten handeln von kleinen Momenten, die groß für mich waren, und von großen Momenten, die achtlos an mir vorübergingen. Ich habe Klischees bedient und manchmal hinterfragt. Ich wurde in eine bolivianische Familie aufgenommen, verlief mich in der Wildnis und schlief in einem Bordell. Ich spielte mit Kindern auf Massengräbern, erlebte einen Angriff auf

mein Leben, begegnete nachts auf einer Drogenschmugglerstraße wohlwollenden Polizisten und wartete stundenlang vor politischen Straßensperren. Reißende Flüsse und von Erdrutschen zerstörte Straßen änderten meine Route. Glitzernde Gletscher, dichter Regenwald, karge Wüsten und unendliche Weiten umgaben mich. Die Allmacht der Natur ließ mich staunend, euphorisch, demütig und zuweilen ängstlich durch die Landschaften fahren. Verlassene und touristenüberströmte Ruinen säumten die Wege und zeigten einen Schimmer vergangener Zeiten.
Doch die eigentlichen, für mich bedeutsamen Geschichten erzählten mir die Menschen, die ich unterwegs traf. Sie gewährten mir Einblicke in ihr Leben, manchmal nur kurz und leicht, manchmal intensiv und tiefgründig. Diese Begegnungen sind es, die mich noch immer bewegen und die den Satz des Mannes im Flugzeug wahr werden ließen.

Peru
Route
Hauptstraßennetz
150 Kilometer

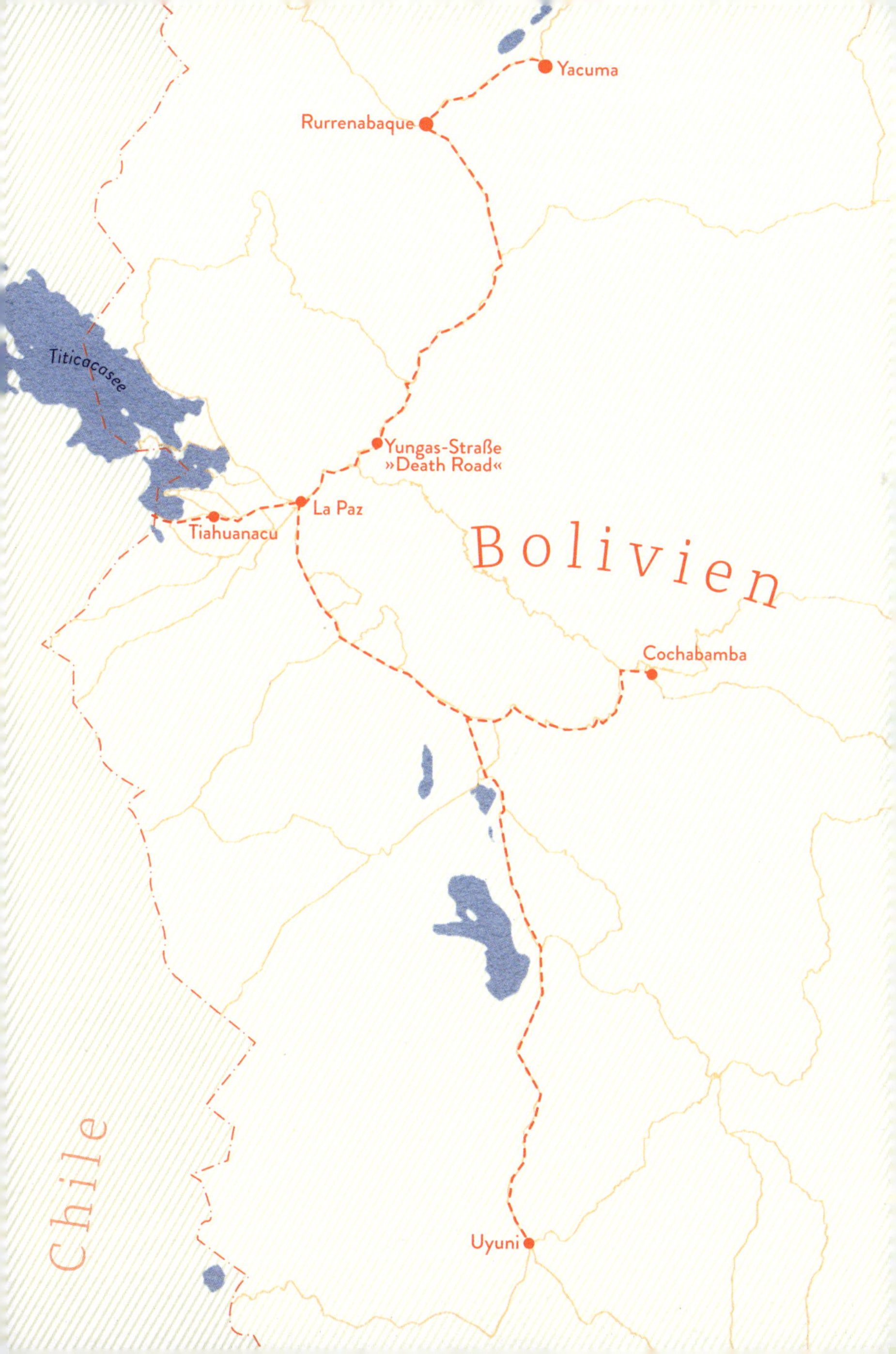

Yacuma
Rurrenabaque
Titicacasee
Yungas-Straße
»Death Road«
La Paz
Tiahuanacu
Bolivien
Cochabamba
Chile
Uyuni

La Paz

Ankommen

Ich rutsche tiefer in meinen Sitz, um mich herum ist es ruhig, nur die Maschinen dröhnen, sie halten uns am Himmel. Ich habe mich herrlich eingefügt in dieses Unterwegssein von Hannover nach La Paz. Doch es soll anders kommen. Als der Pilot kurz vorm Ziel verkündet, dass wir in Santa Cruz zwischenlanden müssen, da Nebel die Sicht versperre, bin ich erleichtert. Die Reise hat begonnen, es muss nichts mehr nach Plan verlaufen.

Ich liebe es, nicht genau bestimmen zu können, wo ich mich befinde, in einer Art Zwischenraum zu stecken, Zeitzonen zu überwinden, an Schmelztiegeln zu verweilen, an denen sich ungezählte Nationen und Religionen tummeln. Denn je länger dieser Weg dauert, je länger ich in der Schwebe dieses Nicht-Ortes verweilen darf, umso besser gelingt mir schließlich das Ankommen im fremden Land, umso geordneter sind meine Gedanken.

Fünf Stunden vergehen auf dem Flughafen von Santa Cruz de la Sierra, bevor der Flieger nach La Paz startet, fünf Stunden, die ich geschenkt bekomme, bevor ich mich neu orientieren muss. Hinter mir in der Schlange vor der Gepäckabfertigung steht ein Mann, auch er will nach La Paz, also beginnen wir ein Gespräch. Wir stellen fest, dass wir ähnliche Länder besucht, ähnliche Dinge erlebt haben. Geschichten von vergangenen Reisen geistern durch die schwüle Hitze der Flughafenhalle. Eine zwischenmenschliche Sympathie entsteht, die die Zeit unbemerkt verrinnen lässt. Obwohl wir im Flieger nach La Paz nebeneinander sitzen, genügen uns die Stunden nicht, um die Erlebnisse auszutauschen, die wir uns erzählen wollen.

Filippo ist nur wenig älter als ich, er berichtet von seiner bevorstehenden Arbeit als Produzent einer Dokumentarserie. In den kommenden Monaten wird er durch Bolivien und Peru reisen.

Als wir landen und aussteigen, schlägt uns sauerstoffarme Luft entgegen – der Flughafen liegt in einer Höhe von 4061 Metern. Es wäre berauschend, müsste ich nicht meinen Rucksack tragen. Ich bin nun seit fast achtundvierzig Stunden unterwegs.

Filippo und ich tauschen Kontaktdaten aus und gehen unserer Wege. Am Tag darauf sehen wir uns wieder und er bietet mir an, sein Team kennenzulernen. Vielleicht, weil ich so viele neugierige Fragen stelle, vielleicht, weil er noch jemanden mit Reiseerfahrung sucht, der die Produktion für die Nachbearbeitung dokumentiert, vielleicht auch nur, weil er mich mag.

Diese zufällige Begegnung wird die kommende Zeit prägen, mir Welten eröffnen, ursprüngliche Pläne verwerfen und Weichen neu stellen. Ich weiß es nur noch nicht.

Es sind die Farben des Illimani, die mich zu Beginn meiner Reise in La Paz begleiten. An den Schattierungen des Berges können die Tages- und Jahreszeiten und die Launen des Wetters abgelesen werden. In weichem Weiß durchdringt er schwarze Nächte, und tausend funkelnde Lichter liegen ihm zu Füßen. In zartem Violett gibt er der Abenddämmerung ihr melancholisches Wesen, mit sanftem Gelb schmückt er den Morgen. Manchmal zieren Wolken seinen Gipfel wie eine leuchtende Krone. Manchmal versteckt er sich ganz und gar in einem Nebelmeer, das ihn einhüllt wie eine dumpfe graue Welt. Doch wenn der Wind an diesen Wolken zerrt, nehmen seine Konturen erneut Gestalt an. Nichts kann ihm etwas anhaben.

Dort, an diesem Berg, wurde die Sonne geboren, sagen die Aymara. Ich glaube ihnen. Der Illimani ist beständig, ich mache ihn zu einem Freund, einem ewigen Begleiter auf meinem Weg durch die Gassen dieser neuen Stadt.

In den ersten Tagen setze ich mich zunehmend mit der Frage auseinander, wie die Menschen hier mit so wenig Sauerstoff auskommen. Tagelang krieche ich durch die Straßen, esse wenig, schnappe nach Luft. Steil ansteigende Wege und Treppen, ein permanentes Auf und Ab, bittere Kälte in der Nacht und sengende Sonnenstrahlen am Tag verschlimmern meinen Zustand. Ich bemitleide die Alten, die sich schrittweise vorwärtsschleppen, und mir wird erklärt, dass viele von ihnen in tiefere Gegenden ziehen, wenn sie können.

Nach drei Tagen hat sich mein Körper annähernd angepasst, und ich bin bereit, den Gedanken an Sauerstoff aufzugeben. Die Eindrücke der Stadt strömen auf mich ein. Sie kommen, ohne zu gehen. Ich sehe die Farben der bunten Tücher durch die Straßen wehen, ich sehe die blendenden Fensterscheiben der Bankgebäude in Sopocachi, die runden Verkaufsstände mit Zeitungen und Chips, die zerklüfteten Felsen der Anden im Hintergrund. Statt Zebrastreifen sehe ich als Zebras verkleidete Menschen, die den Verkehr regeln und den Alten, die es nicht aus der Stadt geschafft haben, über die Straße helfen. Ich sehe die Liebespaare in den Parkanlagen, eingeritzte Herzen in Bäumen und Bänken, Vogelnester auf Stromleitungen, Graffiti an den Wänden, Hallen voller Bücher und DVDs, Straßen, gepflastert mit Kochtöpfen, Lampen und Kinderspielzeug. Ich schlendere über legale und lieber noch über illegale Märkte, beobachte mit Skimasken vermummte Schuhputzer und jede Menge vorbeigehende Hüte. Ich höre Fanfaren, Pompons und Trompeten, ich begegne Tänzern und Menschen, die sich verkleiden, um auf ihre sexuelle Orientierung aufmerksam zu machen. Ich tanze nachts zu den Trommelschlägen von Parteianhängern, die den Sieg ihrer Kandidatin feiern.

Ich kaufe pikante Salteñas bei lachenden Frauen, auf deren verbrannte Gesichter der Schatten breiter Hutkrempen fällt. Zuckrige Churros werden in Fett gebacken und zu meinem Lieblingsnachtisch. Das Essen auf der Straße ist neuer Lebensgenuss, vorbei an rauchenden, dampfenden, dünstenden Grillkarren, hupenden Autos, Minibussen, in denen sich die Menschen drängeln, während die Fahrkarteneintreiber halb aus dem fahrenden Wagen hängen. So leicht und elegant schweben sie dahin, wie Mary Poppins an ihrem Schirm. Die Straße ist ein Markt, sie lebt und spricht, sie isst und spuckt wieder aus. Und ich, ich bin in einem Wunderland.

Fremde werden zu Freunden, ich darf die Stadt mit ihren Augen sehen. Alvaro zeigt mir die funkelnden Lichter der Kirmes, wir essen Zuckerwatte und Popcorn. Er begleitet mich auf den vielleicht größten Markt der Welt, La Feria El Alto, nahe seinem Zuhause auf der Hochebene gelegen, und beantwortet geduldig jede meiner Fragen.

Jorge nimmt mich mit zu seinen Freunden, wir tauchen ins rhythmische Nachtleben ein, besuchen verrückte Konzerte in versteckten Bars und Hinterhöfen, und ich erlebe erstmals in meinem Leben, wie ich schon während des Biertrinkens einen Kater bekomme – die Höhe macht es möglich.

Maria berichtet im Kerzenschein von den Geistern, die sie letzte Woche im Haus gehört hat, und zündet mit ernstem Blick ein duftendes Holzstäbchen an, um die Ecken mit kreisenden Bewegungen auszuräuchern. Und all diese Kleinigkeiten sind für mich so fantastisch und irgendwie romantisch, dass keiner jener Tage zu einem All-Tag wird.

Doch dann kommt ein Sonntag und plötzlich fühle ich mich einsam. Mir fehlen die Ablenkungen der Stadt. Seltsame Gedanken schleichen sich heimlich in meinen Kopf und spuken umher. Ich bin an einem Scheideweg angelangt, muss meinem Leben eine Richtung geben, sobald ich wieder zu Hause bin. Ich muss einen beruflichen Weg einschlagen, meinen Platz in der Welt behaupten, erzählt mir mein planendes Ich. Die Jahre zwischen zwanzig und dreißig sind dazu da, um sich auszuprobieren, sagt man gemeinhin. Doch was passiert danach?

Die Suche nach meinem Platz in der Gesellschaft, der so viele Identitäten und Ausdrucksformen hat, wird zur Belastung, die ich abschütteln muss. Also entscheide ich. Ich entscheide, dass dieser Platz nur ein Gedankenkonstrukt ist, dass es keine vorgefertigten Lebenswege gibt. Das Leben ist wandelbar, in stetiger Veränderung, und genau das ist es, was es so wundervoll, facettenreich und schillernd macht. Ich muss mir keine Identität errichten, keine Bereiche abstecken, keine Grenzen ausloten. Ich kann alles sein und täglich die Entscheidungen fällen, die ich für richtig halte. Ich schiebe die Gedanken an die Zukunft beiseite und trete vor die Tür.

An diesem Tag führt mich mein Weg zu den ambivalenten Plätzen dieser Stadt, zu jenen Orten, die Licht bringen, und jenen, die einen Schatten werfen, die der Stadt hässliche Konturen und manchmal einen bittersüßen Makel verleihen.

Die Straße krümmt und windet sich, ich biege ab, nach links, nach rechts, ich mache kehrt und schlingere, schlendere, stolpere vor mich hin, bis ich schließlich vor einer riesigen, tristen Mauer stehe. Hier ist sie, die Gefängnisstadt San Pedro. Sie wird von einem monströsen Bauwerk umgeben, das die kriminelle Gemeinschaft in einem eigenen Viertel einpfercht. Seit über hundert Jahren existiert dieses Viertel schon. Ursprünglich sollte es Platz für etwa dreihundert Menschen bieten, nun leben mehrere Tausend hier. Die Gefängnisstadt verwaltet sich weitgehend selbst, Polizisten und Wärter betreten San Pedro fast nie. Es wird behauptet, dies sei fortschrittlich und integrativ. In Wahrheit werden Regeln und Gesetze von den Insassen bestimmt und grausam durchgesetzt. Die Mauer sorgt für die nötige Trennung vom Rest der Stadt, dafür braucht man kein Personal. Selbst an Gerichtsverfahren wird gespart. Es heißt, dass über die Hälfte der Häftlinge nicht verurteilt sind, sondern eine sogenannte präventive Haftstrafe absitzen. In Bolivien ist es möglich, ohne Urteil bis zu drei Jahre ins Gefängnis zu kommen. Ein Großteil der Gefangenen wurde aufgrund von Drogenkriminalität nach San Pedro gebracht. Kurioserweise müssen sie mit den erwirtschafteten Drogengeldern Miete für ihre stinkenden Zellen im Innern des Molochs bezahlen. In riesigen Laboren wird Kokain hergestellt, manche Häftlinge versuchen es in primitiven Verfahren selbst. Die Droge wird sowohl in der Gefängnisstadt als auch außerhalb verkauft und schafft damit neue Gewalt und dunkle Abhängigkeiten. Gefängniswärter helfen beim Dealen. Richtig und falsch sind lose, flatternde Begriffe, Grundwerte helfen nicht beim Überleben. Im Durchschnitt werden monatlich vier Tote hinausgetragen, sagt man. San Pedro zieht sich seine Kinder heran, betreibt Arterhaltung. Ein Paradoxon ist geboren, kein Licht in Sicht.

Frauen und Kinder dürfen die Inhaftierten besuchen, wann immer sie möchten. Viele Familien leben sogar ständig hier, da sie keine Möglichkeit haben, ihren Lebensunterhalt allein zu bestreiten. Für die Kinder errichteten ausländische Organisationen einen Kindergarten, eine kleine Oase, in der die Jungen und Mädchen einen Moment der Unbeschwertheit erleben können, bevor sie sich zwischen Cracksüchtigen, Mördern und

Sexualstraftätern schlafen legen. Frauen in traditioneller Kleidung und mit säckeweise Gepäck warten vor einem Tor, als ich weitergehe. Sie wollen zu ihren Männern, sie mit Essen, Waffen, Wäsche, Informationen und Sex versorgen. Die Sonne steht jetzt hoch am Himmel. Doch je länger der Tag andauert, desto länger wird der Schatten der Mauer und desto sicherer ist das Drogengeschäft in den Straßen dieser Stadt.

Als ich den ersten Lamafötus von der Decke eines Lädchens baumeln sehe, weiß ich, dass ich auf dem Hexenmarkt, dem Mercado de Hechiceria, angelangt sein muss. In der schmalen, kopfsteingepflasterten Gasse bieten die aymarischen Hexen Heilkräuter, Zauberpulver, Tinkturen und Amulette, Tukanschnäbel, getrocknete Frösche und andere Obskuritäten. Zur Besänftigung von Pachamama, Mutter Erde, muss ein Lamafötus unter den Grundstein des zu erbauenden Hauses gelegt werden. Betrogene Ehefrauen flößen ihren Männern heimlich Liebestränke ein, die sie zurück ins eheliche Bett befördern sollen. Eitelkeit, Eifersucht, Habgier, Lust sind die menschlichen Triebe, die auf dem Hexenmarkt befeuert werden. Für jedes Problem gibt es hier eine Lösung.

An einer Ecke steht ein Mann mit Plastiksäcken voller Kokablätter. Würzige Aromen schwirren durch die Luft, und ich entscheide mich, ihm eine Tüte abzukaufen.

Mein Weg führt mich am Schwarzmarkt vorbei, stetig bergan, zum Friedhof. Vor den Toren verkauft eine alte Frau Blumen für die Toten. Die Tragseile der Seilbahn durchziehen den Himmel wie feine Fäden eines Spinnennetzes, und die Sonne projiziert die bewegten Schatten der Gondeln auf die Erde, als ich den Friedhof betrete. Und wie ich hier stehe, eingehüllt von der

Atmosphäre dieses warmen, bunten Ortes, bin ich berührt von seiner Schönheit. Ich höre Vogelgezwitscher zwischen spärlichen Bäumen. Sie bilden einen seltenen Lebensraum in dieser Höhe, wie aus Wunderhand aufgezogen. Die Blumen der Blumenfrau schmücken die Schaufenster der Toten, sie laden zum

Verweilen und Bestaunen ein. Ich denke über die Schicksale der Verstorbenen nach, schreite vorbei an den nicht sichtbaren Särgen, die übereinander gestapelt in die Mauer eingelassen sind. Persönliche Gegenstände in den Fenstern beschreiben die Eigenschaften, Wünsche oder Errungenschaften der geliebten

Menschen. Ich stelle mir Geschichten aus ihrem Leben vor, lerne von den Dingen, die sie berührten und ausmachten, und spüre ein kurzes Zwicken, als ich an ein Fenster trete, das wie ein kleines Kinderzimmer eingerichtet ist, zartrosa, freundlich, behütet. In der Ferne glitzert der Schnee auf den Sechstausender-Gipfeln, es ist friedlich.

Als ich nachts im Bett liege, fühle ich mich stark. Die Wehmut vom Morgen ist vergangen, doch ein nagender Gedanke bleibt. Das leichte Gefühl, das ich auf dem Friedhof verspürte, wird sich nie wieder ganz einstellen, diese alltägliche, selbstverständliche Bindung zu den Toten, die eine aktive Beziehung zu der Welt der Lebenden aufnehmen. Ich kann dieses Gefühl nachvollziehen, ich kann es verstehen, aber es ist kein Teil von mir, von meiner Kultur. Zu Hause bedeutet Tod Dunkelheit. In La Paz habe ich auch Licht gesehen.

Am 12. April wird in Bolivien der Kindertag gefeiert. Marco besitzt eine Eisdiele in La Paz und möchte heute seinen kleinen Gästen ein Eis ausgeben. Ich lernte ihn während meines Praktikums bei dem Reiseveranstalter kennen und darf ihn nun bei seiner Arbeit unterstützen. Doch ich bin verwundert: Die Eisdiele im exklusiven Wohn- und Geschäftsviertel Calacoto bleibt leer. Elegante Menschen flanieren auf dem Gehweg vorüber, die Straßen sind sauber, das Viertel ist ruhig, es ist Sonntag.

Die Enttäuschung in Marcos Augen verwandelt sich in Tatendrang, als er verkündet: »Wir müssen hier raus, wir müssen nach El Alto, auf die Straße, und dort unser Eis verteilen.«

El Alto und La Paz sind heute Zwillingsstädte, getrennt durch die Höhe. Noch bis 1985 gehörten sie zusammen. Obwohl wir nur wenige Kilometer fahren, verlassen wir die vornehme, glitzernde, warme Welt der Leuchtreklamen, modernen Bürogebäude und internationalen Restaurants und betreten, tausend Meter über dem Viertel Calacoto, eine kalte Welt, die gegensätzlicher kaum sein könnte. Wir sind in El Alto angekommen, auf 4200 Höhenmetern. Ein aufdringlicher Wind fegt durch die kargen Straßen, Bäume und Büsche können auf dieser Höhe kaum noch gedeihen, das Grün ist verschwunden. Fragile Backsteinhäuser, marode Mauern und Wellblechzäune drängen sich aneinander. Die Straßen sind stark belebt, Menschen in dicken Pullis und Decken verkaufen ihre Waren auf dem Gehweg.

Ich erlebe eine seltsame, umgekehrte Hierarchie: Die Armen leben oben, auf der Hochebene, dem Altiplano, und sind dem Wetter ausgeliefert. El Alto ist eine Stadt mit vielen Elendsvierteln, die hauptsächlich von indigenen Bevölkerungsteilen, die sich als Landflüchtlinge ansiedelten haben, bewohnt werden. Die Reichen dagegen schmausen unten in La Paz, dort, wo man besser atmen kann, wo das Leben leichter fällt und das Wetter gnädiger ist.

Marco stellt seinen Eisbehälter auf dem unbefestigten Bürgersteig ab und blickt sich um. Neben ihm verkaufen Frauen gebrauchte Anziehsachen, selbstgebackene Leckereien, Elektroartikel. Zaghaft hockt sich Marco vor sein Eis, formt eine Kugel und drückt sie in die Waffel. Er streckt sie einem kleinen Mädchen entgegen, das eingekuschelt im bunten Tragetuch auf dem Rücken der jungen Mutter sitzt. Ein kleines Händchen erscheint aus der schützenden Wärme des Tuchs und umklammert stolz die große Eiswaffel. Der erste Schritt ist getan. Langsam kommen auch andere Kinder hinzu und strahlen trotz der Kälte über ihr Eis in der Hand. Vorsichtig fügen wir uns ins Straßenbild ein, wir sind nicht länger nur Beobachter, sondern Teilnehmer, wenn

CARPINTERIA
MUEBLERIA
CONSULTORIO
DENTAL

auch nur für einen Nachmittag. Auf der gegenüberliegenden Straßenseite sehen wir zwei Jungen, die Besen verkaufen wollen. Sie schauen neugierig zu uns herüber. Wir winken ihnen zu, sie sollen herkommen. Als sie vor uns stehen, klammern sie sich an ihre Besenstiele und fragen, ob sie denn Kinder seien, ob sie das Recht auf ein Eis hätten, am Kindertag.

Und ich begreife.

Ich begreife, dass das Leben an diesem Ort nicht in Abschnitte unterteilt wird. Es gibt keine Kinder, keine Jugendlichen und keine Erwachsenen. Es gibt keinen Montag, keinen Dienstag und keinen Sonntag. Es gibt nur Menschen, die überleben wollen, die für ihre Angehörigen, für sich selbst, für jene, die sie lieben, arbeiten gehen. Und das an jedem einzelnen Tag in der Woche.

Ich begreife plötzlich, dass Kindheit ein sozialer und kein biologischer Begriff ist und dass dies der Grund dafür ist, warum diese zwei Jungen, die neun und dreizehn Jahre alt sind und als eigenständige Straßenverkäufer Geld verdienen, nicht wissen, ob sie ein Eis bekommen oder nicht. Denn die Gesellschaft hier hat ihre eigenen Regeln, ihre eigene Sozialität.

Ich erfahre, dass Bolivien das einzige Land der Welt ist, in dem Kinderarbeit legal ist, dass die Kinder es selbst eingefordert, sogar einen Gesetzentwurf vorgelegt haben, der ihre Arbeit legalisiert und sie gleichzeitig vor Ausbeutung schützen soll.

Ich erlebe auf den Straßen El Altos, wie meine westlich geprägte Weltsicht, nach der Kinderarbeit grundsätzlich verboten sein sollte, ins Wanken gerät. Wie nur kann ich aus meinem privilegierten Leben heraus beurteilen, was richtig ist und was nicht? Und wie kann ich mich gegen Kinderarbeit aussprechen, ohne eine Alternative, eine Perspektive für die Kinder und ihre Familien anzubieten?

Das Eis ist fast verteilt. Auf einem Markt, nur wenige Meter von uns entfernt, sehe ich zwei Mädchen, die als Fleischverkäuferinnen arbeiten. Ihre Ware stinkt trotz der Kälte. Ich bringe ihnen zwei Waffeln mit leuchtend türkisfarbenen Kugeln. Es ist die gleiche Farbe wie die ihrer mit Blut- und Fleischresten beschmutzten Arbeitskittel. Ich beobachte, wie sie sich über ihr Eis, diese Kleinigkeit in ihrem Alltag, freuen, wie sie sich umarmen, gemeinsam lachen.

Während meiner Tage in La Paz wohne ich im Hinterhaus einer alten Dame in Sopocachi. Sie vermietet winzige Zimmer an Reisende. Guido wohnt im Zimmer neben mir. Unsere Gespräche werden täglich länger, und wir entscheiden, dass wir neugierig sind, näher an die Natur heran, etwas erleben wollen. La Paz reicht nicht mehr aus!

Wir sitzen nachts im kalten Flur. Eine alte Fensterfront gibt den Blick auf die funkelnde Stadt frei, Tee wärmt unsere zitternden Hände, als wir beschließen, uns ins Umland zu wagen, ins Valle de las Animas, ins Tal der Seelen. Der Name allein genügt, um hinfahren zu wollen.

Einige Tage später steigen wir nur wenige Kilometer östlich von La Paz aus dem Auto, das uns zur Öffnung des Tals brachte. Die Spitze des Illimani blitzt aus dem Wolkendunst hervor. Er ist also immer noch da, sogar näher als sonst, mein Begleiter. Die Sonne versengt die Erde, es ist Mittag, das Auto fährt ab, Stille. Wir stehen auf einer kleinen Anhöhe. Ein ausgetrocknetes Flussbett schlängelt sich durch das Tal. Obwohl sich vor uns eine spektakuläre Gebirgskulisse abzeichnet und wir uns beide nicht im Gelände auskennen, denken wir nicht daran, dass die kommende Wanderung mehr als nur ein ausgiebiger Spaziergang werden könnte. Wir sind naiv, eine simple Erklärung für die Tatsache, dass wir uns derart verschätzen werden.

Ich sehe, wie zwei Frauen in der Hitze Kühe und Schafe zwischen Gräbern grasen lassen. An einem anderen Ort würde dieser Anblick Befremden erzeugen, es sind zwei Dinge, die nicht zusammenpassen. Doch hier erscheint er natürlich und selbstverständlich. Die Gräber sind mit der Natur verflochten, ins mattgrüne Gras gesprenkelt, teilweise aus rotem Backstein errichtet und mit grauem Mörtel verfugt. Vereinzelt sehe ich Hütten direkt vor mir, danach nur noch zerfurchtes Gestein, ein graues Grün, spärliches Wachstum, je näher mein Blick zum Berg schweift.

Der Mittagsdunst verschluckt die Farben der Landschaft, weicht die Silhouetten der scharfen Felsformationen auf, lässt sie fließend, versöhnlich, wohlwollend erscheinen. Wir wandern los, ganz unbedarft, denn deswegen sind wir hier, Frieden. Wir überblicken die Ebene, und ein Gefühl der Kontrolle überkommt mich. Schließlich sehe ich vor mir, in der Ferne, wie der Weg verlaufen mag, was kommen wird. Drei Liter Wasser, Kekse, Brote, Obst, Nüsse, ein guter Proviant. Die Natur beflügelt das Erzählen.

Wir wählen einen Weg aus, der zu den schroffen Felsen am rechten Rand des Tals führt. Noch ist er so breit, dass wir nebeneinander gehen, vorbei an winzigen Gehöften, runden Häusern auf steinigen Hügeln, umgepflügten Feldern, höflich grüßenden Kindern, Eseln, Schweinen, Vogelnestern auf dünnen Zweigen. Allmählich wird der Weg schmaler, das Licht intensiver, die Konturen der Felsen schärfer, je näher wir kommen. Nach einer Stunde habe ich einen Sonnenbrand, ich verstehe langsam, warum hier alle Hüte tragen. Guido ist ein guter Gefährte, wir planen

unsere nächsten Ausflugsziele, reden, schweigen, träumen vor uns hin. Die Höhe macht durstig, die Wasserflaschen leeren sich schnell.

Pampasgräser wehen sanft im Wind, formenreiche Kakteen begleiten uns am Wegesrand, blühende Sträucher perfektionieren das Bild, sie verstärken meine romantische Betrachtungsweise. Dann geht der Weg über in einen hauchzarten Pfad, kaum erkennbar. Das letzte Haus liegt eine halbe Stunde hinter uns. Unmerklich steigen wir stetig bergan, obwohl das Tal, das sich neben uns ergießt, hinab führt. Der Weg hat seinen eigenen Willen, surreale Felsformationen tauchen um uns herum auf. Wie ausgespuckte, versteinerte Lava, wie gierige Finger strecken sich ockerfarbene Türme in den Himmel, die Seelen des Tals müssen es sein. Der Überblick ist unterwegs verloren gegangen, wir sind mitten in einem Gebirge, unerwartet.

Die Stunden vergehen, Hinweise auf menschliches Leben sind schon lange verschwunden, und erste, heimliche Zweifel breiten sich in meinem Denken aus. Schnell verselbstständigt sich die Idee und kommt zur Sprache. Wie soll unsere Wanderung weitergehen? Wir scherzen, lachen, essen, verstummen. Die Sonne, die gelegentlich zwischen den Wolken erscheint, ist erdrückend. Ich bemühe mich, weniger zu trinken, der Weg ist noch weit. Später denke ich, dass dieser Moment ein Wendepunkt war: Dort hätte man umdrehen müssen. Es sind schätzungsweise vier Stunden zurück zum Ausgangspunkt, dann wäre es bereits dunkel. Wir diskutieren.

Weit unter uns, im Tal, liegt das ausgetrocknete Flussbett. Wir vereinbaren, dass wir den Weg noch eine halbe Stunde fortsetzen und nach Abstiegsmöglichkeiten Ausschau halten. Doch die halbe Stunde vergeht, ohne dass wir dem Flussbett näher kommen. Die Distanz zwischen Weg und Tal wird immer größer, die einst weißen Wölkchen türmen sich langsam auf, sie ballen, drücken, pressen sich zusammen, der Wind wird stärker, die Atmosphäre schwerer. Gegen den Durst kaue ich Kaugummi, das restliche Wasser will ich sparen.

Dann der Entschluss, wir steigen ab, Klettern ist die beste Option. Wanderschuhe werden neu geschnürt, Utensilien gut im Rucksack verstaut. Wir verlassen die Route, ich konzentriere mich auf den Moment. Ich hangele mich zwischen den spitzen Felsen hindurch, der Stein ist griffig. An manchen Stellen wächst hohes Gras zwischen den Felsspalten, ich sehe nicht, wohin ich trete. Plötzlich liegt ein unpassierbarer Abschnitt vor uns, wir schauen uns um, suchen einen anderen Weg. Zwischen die Felsen gelangt nur spärliches Licht. Ich will hinab, hinunter ins Tal, zum ausgedörrten Fluss, der mich nach Hause bringt. Minuten vergehen, wir orientieren uns am Gefälle, unten ist besser als oben.

Als die Felsformation endet, öffnet sich vor uns ein steiler Hang, der von Kakteen durchbrochen wird, deren Stacheln stricknadelgroß sind. Endlich trennen uns keine überraschenden Schluchten mehr vom Flussbett, wir atmen auf. Schritt für Schritt taste ich mich den Hang hinab. Zweimal rutsche ich auf dem Geröll weg und falle. Schürfwunden und kleinere Kakteenstacheln in meinen Beinen sind das Resultat. Ich habe Glück. Dann der letzte Sprung, und meine Füße treffen auf getrockneten Schlamm. Ein schmutziges, dünnes Rinnsal Wasser fließt hier unten, und ich überlege, ob mein Durst groß genug ist, um das dreckige Wasser abzuzapfen, nur für den Fall. Ich schiebe den Gedanken beiseite, alles ist gut. Man darf auch mal Durst haben, sage ich mir, als wir weitergehen.

Der Himmel wird immer zorniger, das Licht dramatischer, mein Mund trockener. Auf der gegenüberliegenden Seite des Tals, die uns eben noch so fern war, hebt sich eine schwarze Felswand voller Turmspitzen ab, ein wilder Steinwald, der sich in Tausenden Jahren durch Erosion geformt hat und sich jetzt erst in Szene setzt, im letzten Akt der Wanderung.

Wir verlassen das Flussbett auf einem breiten Weg. Die ersten Hütten in der Ferne sind eine Wohltat. Als wir uns nähern, kommt eine Frau aus ihrem Haus heraus. Sie grüßt. Wir fragen, ob wir hier irgendwo Wasser kaufen können. Die Frau versteht und bietet uns an, unsere Flaschen zu füllen. Danke!

Ich trinke gierig. Es ist beängstigend, das grundlegendste aller Bedürfnisse nicht aus eigener Kraft heraus befriedigen zu können. Ich kann mich nicht daran erinnern, ob ich in meinem Leben tatsächlich schon einmal wahrhaftig durstig war. Dieses Gefühl, wenn der Kopf austrocknet und nicht nur der Körper, wenn der Durst die Kontrolle übernimmt, den Geist ergreift und unvorstellbar schwer auf den Gedanken lastet. Kurz nach dieser Begegnung durchqueren wir ein Dorf. Das Wasser der Frau macht alles ein wenig bunter, leichter, obwohl das Unwetter unaufhaltsam näher rückt. Schnell werden Schafe zurück zur Hütte getrieben, ein Esel steht verlassen vor der Szenerie, der Regen weht aus der Ferne herbei. Unvermittelt holt uns ein Bus auf der einzigen Straße ein, die hier entlangführt. Wir geben ein Zeichen, steigen ein, und der erste Regentropfen fällt nur wenig später auf die Fensterscheibe, an der mein Kopf jetzt lehnt. Eine gemütliche Wanderung wurde zum Tagesmarsch. Alles ist gut, denke ich erneut, um das Chaos in meinem Kopf zu besänftigen.

Wir steigen in La Paz aus, setzen uns in ein Café und reden lange. Als am Ende dieses Tages ein Stück Kuchen und ein heißer

Kakao vor mir stehen, fällt es mir schwer zu bewerten, ob ich mich vielleicht nur in die Situation hineingesteigert habe, weil ich nicht so viel trinken konnte, wie ich wollte, oder ob wir uns tatsächlich einer ernsthaften Gefahr ausgesetzt haben. Den panischen Gedanken, nicht ausreichend Wasser dabeizuhaben, möchte ich nicht noch einmal erleben.

Viele Wochen später werde ich in Cochabamba mit einem alten Bekannten in einer Bar über das Individualreisen in Bolivien diskutieren. Auch er erzählt mir eine Geschichte über Naivität, Unachtsamkeit, Gedankenlosigkeit. Das Lieblingscredo der Reisenden, das Sich-treiben-Lassen, sollte in Bolivien öfter überdacht werden, stellen wir fest. Beim dritten Bier sagt er lachend einen schlauen Satz, der während des Abstiegs im Tal der Seelen auch auf mich einhämmerte: »*It is just too easy to die.*« Es ist leicht zu sterben. Und er hat recht. Sterben, und dann auch noch aus Dummheit. Das will doch keiner.

Salar de Uyuni

Lebensknoten

»Weißt du, warum wir so oft an unsere Jugend zurückdenken, wenn wir alt sind?«, hat mich einmal ein Freund gefragt. »Nein, warum?« – »Weil es uns in Erinnerung bleibt, wenn wir etwas zum ersten Mal tun. Das Leben ist wie ein Seil. Und wenn du etwas zum allerersten Mal tust, dann entsteht an dieser Stelle ein Knoten.«

Ein trockener, ungemütlicher Wind peitscht über die Ebene, während ich über jenes Gespräch nachdenke, das vor einigen Jahren an einem grauen Novembertag in Deutschland stattfand. Meine Schritte knirschen auf dem kargen Salzboden. Das Salz bildet ein geometrisches, wabenförmiges Muster, das sich kilometerweit ausdehnt und in der Ferne verliert. Schritt für Schritt gehe ich zögerlich weiter. Ich breite zaghaft die Arme aus und lasse sie wieder sinken. Ich bin hier, in der Salar de Uyuni, der größten Salzpfanne der Erde, auf fast viertausend Höhenmetern, und diese Weltengegend ist leuchtend blau und kristallweiß, glitzernd, unfruchtbar und auch ein wenig mystisch.

Hinter mir ragt stolz die Insel Incahuasi in den Himmel auf. Als fossiles Denkmal leistet sie Widerstand an diesem unwirtlichen Ort, ein winziges Tröpfchen dunklen und alten Lebens im toten Weiß. Hier wachsen stachelige Wächter, jahrtausendealte Kakteen, die dem Vergehen trotzen und sich in dumpfem Gelbbraun wie störrische Krieger der Sonne entgegenstrecken. Sie sind stille Zeitzeugen, die zusahen, wie einst die Inka mit Opfergaben um die Gunst der Götter buhlten. Schon damals standen sie auf dem versteinerten Korallenfriedhof, der das Opferblut in sich aufnahm. Bis zum felsigen Herz der Insel muss es gesickert sein, und prachtvoll müssen die Korallen im See gewesen sein, der vor zehntausend Jahren verschwand und dessen Fläche ich nun beschreite.

Die Weite der Landschaft bildet einen Rückzugsort für große Fragen. Plötzlich muss ich über Liebe, Glück, Lebenssinn, Zukunft, Vergangenheit und jene großen Themen nachdenken, deren Bedeutung sich je nach Lebensphase, Erfolgen und Enttäuschungen verändert. In der Salar de Uyuni bin ich losgelöst von der Gesellschaft. Hier ist niemand, der mir Rollen zuschreibt, die ich im Wechsel zu erfüllen versuche oder von Grund auf ablehne. Es ist der Anblick von Unendlichkeit, es sind surreale, unwirkliche Orte, die mich reizen, die sich in mir spiegeln und meine Gedanken formen.

Am Horizont schweben graue Felsblöcke über dem Salz. Die fliegenden Inseln sind eine optische Täuschung, oder? Mein Gehirn hat sich verirrt, wurde überlistet, ich nehme etwas wahr, das es nicht geben kann, und doch sehe ich es ganz deutlich. Ich schließe die Augen, die Luft in dieser Höhe hat zu wenig Sauerstoff. Es gibt keinen Referenzrahmen, der bestimmt, was wahr ist und was nicht sein darf.

Ich öffne die Augen einen winzigen Spalt weit. Gleißendes Licht trifft auf meine Pupillen, die Umgebung verschwimmt, und ich beschließe, dass ich die Grenzen selbst ausloten, sie aufweichen, auflösen oder verschieben kann. Die Möglichkeit einer fliegenden Insel verzaubert mich. Kumuluswolken ziehen auf und rücken näher. Am Horizont fährt ein einsamer Truck lautlos über das Salzplateau. Die Welt bewegt sich langsam. Und gerade als ich glaube, dass die Unendlichkeit die Zeit verschluckt, alles stehen bleibt in dieser weißen Glitzerwelt, da erschallen farbenfrohe Töne aus weiter Ferne. Ich drehe mich verwundert um. Das Geräusch ist wieder verstummt, doch im Sonnenschein sehe ich die Konturen von sieben Gestalten mit glänzenden Instrumenten.

Für einen kurzen Augenblick gibt es keine Bewegungen, die Welt holt tief Luft, hält den Atem an, und auch ich verharre. Der Wind fegt mir ins Gesicht, die Sonne brennt unerbittlich auf mich herab. Einen Gedanken, den ich schon seit geraumer Zeit in mir trage, teile ich jetzt mit dem Universum: Wenn das Leben am allerschönsten ist, dann sollte da Musik sein.

Die Luft pulsiert durch die Blasinstrumente der Musiker, und eine Melodie ertönt. Sie ist nicht fein und zart, melancholisch oder traurig. Sie ist lebendig, wild, sie ist echt, und sie will hinaus in die Welt. Denn sie ist von Menschen gestaltet, die sich in der Musik verlieren.

Von den Klängen geht ein Sog aus, dem sich die wenigen Besucher nicht entziehen können. Wie Ameisen, die zu ihrem Bau wandern, steuern sie aus allen Richtungen auf die Musiker zu. Auch meine Schritte werden schneller. Genau hier, genau jetzt, entsteht für einen winzigen Moment eine fantastische Welt. Die Salzwüste wird vor aller Augen mit Leben erfüllt. Solange die Musik spielt, bilden Menschen verschiedener Nationen und verschiedenen Alters eine Gemeinschaft, und ich bin ein Teil von ihr. Die Hookline wird zu unserer Hymne:

I'm just a soul who's intentions are good

Oh Lord, please don't let me be misunderstood

Ein Lächeln liegt in den Blicken der Fremden, die einander ansehen, und Vertrautheit schwingt durch die Luft. Wir haben alles, was wir brauchen.

Ich sehe mich von oben, wie ich dort stehe, in der weißen Unendlichkeit – fliegende Inseln, Kakteeninseln, eine Band und fremdvertraute Menschen um mich herum, die auf dem Salz tanzen. Ich sehe, wie sich die Lebensfreude über unseren Köpfen sammelt und vom Wind getragen wird.

Und ich begreife auf einmal, es sind nicht die großen Gedanken, die gedacht werden wollen, die meine Reise ausmachen. Es ist das Tanzen in der Salzwüste, das Lächeln dieser Menschen, die Lebenslust, die unsere Gesichter erleuchtet und in den Himmel ausstrahlt. Es ist der Verlust der Hemmungen, das Loslassen, Fallenlassen, Überlassen. Es ist das Geschenk, das mir hier bereitet wurde, das Genießen der Flüchtigkeit, an diesem Ort, in diesem Moment. Denn das Leben ist vergänglich. Und das ist in Ordnung für mich. Zumindest möchte ich das glauben.

Die Musik verstummt, die Menschen zerstreuen sich, und was bleibt, ist ein gewaltiger Lebensknoten, der aus dem Nichts heraus geknüpft wurde. Ich habe beschlossen, mein Leben zu verlängern, meinem Lebensseil Knoten um Knoten hinzuzufügen, um am Ende mit Erinnerungen überschwemmt zu werden. Um im Wust der Erfahrungen baden zu können, wenn mein Körper nicht mehr will.

Cochabamba
Jesus

Es ist meine erste Überlandfahrt in Bolivien. Jorge, den ich in La Paz kennenlernte, hat mich eingeladen, ihn in seiner Heimatstadt Cochabamba zu besuchen.

Der Busbahnhof in La Paz versprüht den umstrittenen Charme, der den Busbahnhöfen dieser Welt gehört. Ich habe mich für eine versöhnliche Hassliebe entschieden. Als ich im Bus meinen Platz gefunden habe und er endlich durch die Nacht rollt, ziehen die Lichter der Stadt am Fenster vorbei. Im Bus ist es dunkel. Angestrengt beobachte ich das Nachttreiben, Menschen, die nach Hause wollen und sich nach Ruhe sehnen, Scheinwerfer, die mich blenden. Dann verlassen wir die Stadt, die alle Jahreszeiten an nur einem Tag durchläuft, vom hochsommerlichen Mittag bis hin zur winterlichen Nacht. Der Bus wird endlich eingehüllt in schwarze Landschaft. Simon & Garfunkel singen leise *Hello darkness, my old friend* in mein Ohr, und mich befällt eine sorglose Gemütlichkeit. Ich verspüre die Glückseligkeit des Unterwegsseins. Der Sound verstärkt sie. Der Bus gleitet mit seiner menschlichen Fracht durch die Nacht hindurch. Der Sitz ist nach hinten geklappt, ich ziehe die Decke noch ein wenig fester um meinen Körper. Ein Luftzug durchströmt den Bus, meine Nasenspitze wird kalt. Diesen Moment will ich auskosten, einen Wimpernschlag lang, meine Augen sind leicht geöffnet, obwohl ich kaum etwas sehe. Ich bin wieder unterwegs, irgendwo zwischen La Paz und Cochabamba, draußen bittere Kälte, in meinem Kopf *The Sound of Silence*. Lächelnd und frierend liege ich hier, ein Mensch neben vielen anderen, in einem Bus in der Dunkelheit, südöstlich fahrend in einem Land ohne Meer, über uns die Sterne.

Intensive Reisegefühle, manchmal trostspendend, beängstigend, freudebringend, aufwühlend, antreibend oder bestürzend, werden durch den Soundtrack verschärft, den ich meiner Reise gebe. Ich entscheide, wie meine Welt in diesem Augenblick sein soll. Es ist meine Interpretation, es liegt in meiner Hand, wie ich etwas wahrnehme, wie viel Fantasie ich der Realität, diesem seltsamen Phänomen, hinzufügen will und aus welcher Perspektive ich sie betrachten will. Mein Leben gehört mir, ich gehöre dem Sound. Wir leben in einer wechselseitigen Abhängigkeit, der Sound und ich.

Musik bei mir zu haben, ist für mich die wichtigste Kleinigkeit auf Reisen. Die Musik ist ein Instrument, um die Wirklichkeit einzuhüllen, ihr Form zu verleihen. Sie gibt mir die Möglichkeit, in Gedanken abzudriften, Romantik und Wehmut hervorzuzaubern, zeitlos zu sein, den Moment zu verkleiden.

Das Leben hat nicht immer Musik parat, ich schon. Vielleicht bin ich eine Hochstaplerin, Verdrängerin, Himmelsstürmerin, Traumtänzerin, aber wer kann schon behaupten, dass die Musik nicht da sei, wenn ich sie doch hören kann? Alles ist wahrhaftig, alles ist verlogen. Immer, wenn ich mich in der Welt bewege, interpretiere ich. Ich glaube, es gibt niemanden, der die Grenze zwischen Fiktion und Realität zweifelsfrei erkennen kann.

In tiefster Nacht wache ich auf, der Bus holpert vor sich hin, mein Blick wandert nach oben. Die Milchstraße zieht ihr Seidenband durch das Firmament und schenkt mir unendliche Geborgenheit. In mein Tagebuch werde ich nur vier Worte schreiben: Sterne in der Nacht. Es ist ein Code für die Erinnerung an dieses Gefühl, an dieses Bild, damit ich es heraufbeschwören kann.

Plötzlich beschleunigt mein Herz, es zeigt mir, dass es noch da ist, die Aufregung kommt. Ein halb entworfener Plan wurde geändert. Ich werde nun längere Zeit mit Jorge und seiner Familie verbringen, wir haben uns gut verstanden, die Möglichkeit hat sich aufgetan und ich habe sie ergriffen. Dafür braucht es keinen Zauber, sondern Vertrauen. Filippo reist bereits seit drei Wochen mit seinem Team durch Bolivien und dreht die Dokumentation. Wir werden uns in Cochabamba treffen. Es ist ungewiss, was danach passiert, denke ich lächelnd und schließe meine Augen. Dann flüstert Cat Stevens *Oh baby, baby it's a wild world* in mein Ohr. Und er hat recht.

Wenn die Sonne in Cochabamba untergeht, breitet Jesus zum Abschied seine Arme aus. Abend für Abend schaut er der hinter den Hügeln versinkenden Sonne nach. Aus der Ferne schimmert er zart und weich, fast wie eine Spielzeugfigur auf einem unbedeutenden Hügel. Je näher ich ihm komme, desto gebieterischer erscheint die 34 Meter hohe Christusstatue. Sie war zwischen 1994 und 2010 die größte der Welt. Dennoch vermisst sie die Beliebtheit, der sich ihr kleiner Bruder erfreut, der vom Berg Corcovado im Süden Rio de Janeiros auf das Meer blicken darf. Ein Liebespaar sitzt in Obhut der Statue auf einem Felsen und wartet auf die Dunkelheit. Die Stadt liegt ihm zu Füßen, sie wird seitlich von einer Bergkette begrenzt, die Schatten wandern mit der Sonne. Natürlich lädt die Kulisse zum Träumen ein, aber nicht heute Abend. Jorge und ich verabschieden nicht den Tag, wir begrüßen die Nacht. Wir steigen vom Hügel in die Stadt hinab. Leuchtreklamen, Backsteinbauten, schicke Hochhäuser, lässige Bars, dandyhafte Alte, asketische Junge ziehen an uns vorüber.

Cochabamba ist hinreißend unspektakulär, wie so viele Städte Boliviens. Doch hier kenne ich Jorge. Er öffnet mir seine Tür, lässt mich teilhaben am Privatesten, das einen Menschen ausmacht – *la familia*. Er lebt mit seiner Mutter, seiner Tochter und einem kleinen, frechen Hund in einer großen Wohnung hoch über der Stadt. Ich ziehe ins Gästezimmer ein, von dem aus ich Jesus zuwinken kann. Hinter ihm ziehen die Wolken über das Land.

Jeden Morgen frühstücken wir gemeinsam, und nachmittags erklärt mir Jorges kleine Tochter lehrerhaft ihre Hausaufgaben, obwohl ich nur die Hälfte verstehe, während ihre Großmutter eine Mahlzeit vorbereitet.

Jorge wird für mich zum Fremdenführer. Er schubst mich vorwärts, drängt mich dazu, Spieße mit Herzen, Schälchen mit Därmen, Fleisch aller Arten zu probieren, die ich niemals freiwillig gegessen hätte. Ich lerne, erst später zu fragen, was ich gegessen habe, damit mich mein Kopf nicht stört.

Er versucht, mir die Freuden des Gruselns nahezubringen, die Belustigung, das Kribbeln beim Angsthaben. Er kauft mit mir DVDs am Straßenrand und überredet mich, einen Horrorfilm mit ihm und seiner Mutter anzuschauen. »Es ist unsere Kultur«, sagt er, und das Argument macht mich gefügig. Jorge wird mir später erzählen, dass ich Maria vor wenigen Wochen in La Paz gekränkt habe, als ich sie schmunzelnd fragte, ob sie nun wirklich an den Geist in ihrem Haus glaube, während sie mit dem Holzstück die Ecken ausräucherte. Für mich war es lustig und zu skurril, als dass ich die Intensität des Themas damals begriffen hätte. Und jene Erlebnisse sind die, für die ich mich so sehr schäme, dass ich am liebsten zurückfahren würde, nach La Paz, um mich zu entschuldigen, um Maria zu sagen, dass ich mich mehr bemühen werde, ihren Glauben zu verstehen.

Jorge wird mein eigener Dolmetscher zwischen den Kulturen. Er zeigt mir das Naturkundemuseum und die Gärten des Palacio Portales. Der einstiger Eigentümer des Palacios, Simón

Ituri Patiño, der in ärmlichen Verhältnissen aufwuchs und in Besitz einer scheinbar wertlosen Mine kam, stieß um 1900 auf eine Zinnader, die sich als außergewöhnlich ergiebig erwies. Gut ein Jahrzehnt später erwarb er eine deutsche Gießerei und die größte Zinneinschmelzanlage der Welt in Liverpool. Nachdem er etliche konkurrierende Minen aufgekauft hatte, stieg er in den 1930er Jahren zum globalen Zinnkönig auf. Die erhöhte Zinnnachfrage im Zweiten Weltkrieg machte Patiño in den 1940er Jahren schließlich zu einem der reichsten Männer weltweit. Sein Reichtum spiegelt sich im Palacio Portales wider, den wir durchschreiten.

Als über uns der riesige Kronleuchter erzittert und ich taumele, weil die Erde schwankt, zerrt mich Jorge aus dem Gebäude heraus. Erschrocken schaue ich ihn an, und er sagt: »Erdbeben«, noch bevor ich fragen kann.

In all diesen Tagen sorgt Jorge dafür, dass ich die Stadt ein wenig verstehe, ihre Prinzipien, ihre Schwingungen und Regeln, dass ich mich mit ihr verbandele, verbinde auf eine Weise, die man spürt, wenn man unbewusst eine liebevolle Beziehung aufbaut.

Dann kommt Filippo nach Cochabamba, und ich kann ihm einen Teil von dem zeigen, was mir Jorge beibrachte. Ich habe Filippo nach unserem Flug nur noch ein paar Mal in La Paz gesehen, doch das vertraute Gefühl, das während des gemeinsamen Wartens entstand, ist noch da. Zwei Tage lang tauschen wir Erfahrungen, Begegnungen, Eindrücke aus. Ich lerne sein Team kennen, und er will wissen, ob ich mitkommen möchte, ob ich mit ihm arbeiten will. Es ist einer der unwahrscheinlichsten Momente meines Lebens. Erst jetzt kann ich glauben, dass er sein Angebot vor wenigen Wochen in La Paz wirklich ernst meinte. Um mich auf die Aufgabe vorzubereiten, recherchiere ich in den nächsten Tagen Routen, interessante Geschichten und Orte, verständige mich mit möglichen Interviewpartnern und notiere alles in einem kleinen Tagebuch. In den kommenden Wochen werde ich die Ereignisse und Begegnungen so dokumentieren, dass das Filmmaterial den Stationen auf unserer Route zugeordnet werden kann. Als ich zurückgehe zu dem Haus, das Jorge für mich zu einem Zuhause in der Fremde gemacht habe, spüre ich jedoch ein stechendes schlechtes Gewissen, als ließe ich die Familie im Stich. In einigen Wochen wollen sie umziehen, und ich verspreche beim Abschied, pünktlich zurück zu sein, um beim Tragen zu helfen.

Yungas-Straße
Camino de la Muerte

Ich sitze ganz hinten auf der Rückbank des Vans. Vor mir das Team der Fernsehdoku, zu dem ich jetzt gehöre. Sie unterhalten sich angeregt auf Italienisch, ich verstehe kein Wort und fühle mich dennoch willkommen. Über mir thronen die Mountainbikes auf dem Blechdach, die uns die Yungas-Straße entlangtragen sollen. Es ist die legendäre Straße, die in den 1930er Jahren von paraguayischen Kriegsgefangenen in die Gebirgshänge geschlagen wurde. Sie überwindet eindrucksvolle 3600 Höhenmeter und durchquert damit beinahe sämtliche Klima- und Ökozonen Südamerikas – von den schneebedeckten Cordillera Real bis zu den tropischen Regenwäldern im Tal. Noch bis 2007 war sie zweispurig befahrbar, da sie eine der wenigen Straßen war, die von La Paz in den nördlichen Amazonasregenwald führte. Hier galt Linksverkehr, damit die dem Abgrund zugewandten Fahrer jeden Zentimeter nutzen konnten, wenn ihnen schwer beladene Fahrzeuge entgegenkamen – eine Regel, die immer noch auf die vielen Gebirgsstraßen Boliviens zutrifft. 1995 wurde der Yungas-Straße von der Interamerikanischen Entwicklungsbank, die sich für die Bekämpfung von Armut und sozialer Ungleichheit einsetzt, der Beiname »Straße des Todes« verliehen. Durch Erdrutsche, Steinschläge und Unfälle verunglückten damals mehr als zweihundert Menschen jährlich.

Doch das sind Zahlen und Fakten, die ich erst später erfahren werde. Noch glaube ich, dass der gefahrverheißende Name zu touristischen Zwecken, als Marketingstrategie, eingeführt wurde. Denn schließlich konnte ich kaum durch die Innenstadt von La Paz laufen, ohne die schlecht designten Werbeplakate der Downhill-Tour wahrzunehmen. Sie versprechen Nervenkitzel, Adrenalin, Abenteuer und ein verlockendes Image als Draufgänger, Bad-Boy, Surviver – vielleicht auch Lonesome Cowboy.

Am Pass La Cumbre steigen wir auf 4460 Metern aus. Es ist der Startpunkt unserer Tour. Für die nächsten Stunden wird mein Mountainbike mein Gefährte und Schutzengel sein. Die Nebelwolken ziehen in großer Eile über uns hinweg, als wollten sie mit den Glücksspielern wetteifern, die in rasender Geschwindigkeit die über sechzig Kilometer lange Strecke abwärts fahren, lebensmüde, verrückt, berauscht von der Droge Adrenalin. Eisiger Wind schlägt mir entgegen, als ich am See stehe, der so verschwiegen vor mir liegt. Immer wieder streifen graue Schwaden die rauen Berge. Das Land ist senfgelb, sienabraun, schwarzgrün, dreckig weiß und taubenblau. Kleine helle Tupfer zeigen eine Lamaherde am gegenüberliegenden Ufer. Sie überleben in der Eiseskälte, in der Kargheit der Vegetation, umgeben von schroffen Felsen. Nur das leuchtend rote Dach eines einzelnen Gehöfts am Rande des Sees blitzt aus den Erdfarben hervor.

Dann plötzlich werden die Wolken spärlich und zartweiß. Der See erlebt eine unerwartete Metamorphose. Er ist ein Farbenspiegler, ein Weltenzeiger. Auf seiner glatten, ruhigen Oberfläche schillert in Himmelblau und Ultramarin ein Stück Universum, und für einen kurzen Moment ist es so, als bilde die Bergkette ein feines, schwebendes Horizontband in der Ferne.

Es ist die Ruhe vor dem Fahrtwind, der gleich in meinen Ohren dröhnen wird. Dann ein Ruf, ich soll zum Van kommen. Die Einweisung durch den Guide beginnt, sie ist harsch und lieblos, und langsam ahne ich, dass Mountainbiking anders funktioniert als Fahrradfahren. Mein Körper wird eingehüllt in den bestmöglichen Schutz. Er dient zur Beruhigung, um die Illusion aufrechtzuerhalten, man könne einen Sturz tatsächlich überleben. Einmal im Monat stirbt immer noch ein Mensch auf dieser Straße, sagt man uns. Doch weil die Strecke aufgrund der neu gebauten Umgehungsstraße fast ausschließlich von Touristen mit dem Fahrrad befahren wird, sind es jetzt die Mountainbiker, die ihr Leben dem Abgrund überlassen. Manchmal ist selbst die Bergung der Leichen nicht möglich. Der Name der Straße hat also seine Berechtigung, denke ich flüchtig, als das Startsignal gegeben wird, wir auf die Nebelwand vor uns zusteuern und Vögel über unseren Köpfen kreisen wie in einem Hitchcock-Film.

Die erste Dreiviertelstunde fahren wir auf einer asphaltierten Straße, die sich am schiefergrauen Berg entlangwindet. Meine Hände umgreifen krampfhaft die Bremsen, Pedale sind nicht zu gebrauchen auf dieser Strecke, ich will nicht noch schneller werden. Meine Beine zittern vor Aufregung. Ich teste das Rad, stürze fast, weil ich die Bremse zu schnell anziehe, ich bin ein Amateur.

Stefano, der Kameramann, überholt mich als Beifahrer auf einem Motorrad. Er strahlt vor Freude, winkt mir zu, meine Arme bleiben am Lenkrad. Ich spüre, wie die Gruppe mich mitzieht, ich dem Bann der Geschwindigkeit nachgebe, hineingesogen werde. Das Adrenalin, vorhin noch beängstigend, beginnt gemeinsam mit dieser märchenhaft minimalistischen Landschaft meinen Geist zu verführen. Ich atme durch, hebe vorsichtig meinen Arm, winke, lächle, fahre downhill. Nun bin ich einer von ihnen, von den seltsamen Menschen, die ein solches Risiko auf sich nehmen, denen die Gefahr nicht bewusst sein kann, denn sonst würden sie dieses Wagnis nicht eingehen, werde ich später denken. Jetzt bin ich mittendrin. Und nur ein Gedanke beschäftigt mich, verlangt angestrengte Konzentration: Ich muss mein Gleichgewicht halten. Kurz vor einem Tunnel verlassen wir den Asphalt. Der ebene Untergrund wird zu matschigem, morastigem Geröllsumpf. Samtgrünes, tückisches Gestrüpp wuchert auf wenigen Zentimetern über den Schlund und täuscht einen üppigen Wegesrand vor. Gesteinsbrocken und Schlaglöcher aller Größen verformen die Schotterpiste, und ich werde gewahr, wie die Steine unter den Reifen weggleiten, wegspringen, das Lenkrad zum Schlingern bringen. Meine Handschuhe verwachsen mit dem Lenker. Ich spüre die Vibration der Straße, die sich sträubt, befahren zu werden. Es kribbelt und brennt in meinen Knöcheln, leichte Krämpfe durchziehen meine Unterarme, leise Verzweiflung rollt herbei. Ich frage mich, wie lange ich diese Anspannung aushalten muss.

Es ist ein Straßenkampf. Die Straße will nicht dienen für das, was ihr Wesen ist, es den Menschen möglichst schwer machen, die Funktion ihres Daseins zu nutzen. Vielleicht ist es ein Fluch, den ihr ihre geknechteten Erbauer, die paraguayischen Kriegsgefangenen, mitgaben. Es heißt, dass viele von ihnen während des Baus freiwillig in den Tod sprangen und schworen, dass für jeden toten Gefangenen tausend Menschen auf dieser Straße sterben würden – der Geist der Vergangenheit liegt auf der Straße.

Immer wieder erscheinen Mahnmale, Erinnerungen an die Toten, in Felsen gehauen, den Abgrund säumend. Ich halte vor einem Gedenkkreuz an. Der Nebel dahinter verhüllt die Schlucht, eine Schlucht des Vergessens. Hier stürzt ein Menschenkörper mehrere hundert Meter tief, die Suche nach Überlebenden ist sinnlos, auch wenn der Kopf hoffen will. Vor fünf Monaten warf die Straße Ingemar Christian Senzand Ticona in die Tiefen. Sein Name steht auf rostigem Metall. *Que en paz descanse.* Ruhe in Frieden. Verwirrt trinke ich einen Schluck Wasser und steige wieder auf das Fahrrad, ganz langsam. Eine Steinwand ragt jetzt senkrecht über unseren Köpfen empor. Farne und Moose bedecken die im Dunst liegenden Abhänge. Kleine Rinnsale fließen über den Weg und bilden Furchen, längliche Muster im Schlamm, famose Bedingungen für Erdrutsche.

Ein Schild taucht auf, dass aufgrund der Steinschläge empfiehlt, auf dieser vielleicht zwei Meter breiten Straße weiter links, am Abgrund, zu fahren. Ich ignoriere den Hinweis, ein Steinschlag erscheint mir unwahrscheinlicher als ein Absturz in die Tiefe. Dieses Gefühl, die Angst vorm Fallen, kann ich nicht abschütteln. Ruhe in Frieden, Ingemar. Er bleibt in meinem Kopf. Ein Name von Tausenden, einer in der Statistik. Sein Kreuz trägt zur Mystik, zur Geschichte der Straße bei.

Die gräulichen Dunstschwaden werden dichter. Wir haben längst den Nebelwald erreicht, sind eingehüllt auf dieser Straße, einer Narbe im Berg. Warmer, feuchter Wind strömt mir aus dem Tal entgegen, die Piste wird immer matschiger, rutschiger. Enge Kurven krümmen sich, stauchen sich zusammen. Wasser stürzt vor mir aus der Wand, die Straße wird zum Fluss. Ich fahre durch den Wasserfall hindurch, das Prasseln auf dem Helm, die Nässe im Nacken, Schlammspritzer im Gesicht, der Rhythmus der Fahrt macht mich ruhig. So ist es nun. Ich bin hier, ich muss hinab, ins Tal.

Dann endlich wird die Straße einen Hauch breiter, ein Aussichtspunkt. Die Berghänge werden seichter, von tropischer Vegetation ummantelt, treffen sie sich in weichen Wellen am Fluss, der durch ihr Tal fließt. Eine Familie verkauft Wasser, Mädchen wollen spielen, die Anspannung fällt langsam ab.

Das schlimmste Stück liegt hinter uns, der Rest der Strecke hat ein schwächeres Gefälle, ich kann die Tour endlich genießen. Als wir das Ziel erreichen, klatschen wir ab. Die letzte Stunde hat mir den versprochenen Spaß bereitet, und ich bin erstaunt, wie schnell ich die Angst und Ingemar vergessen kann. Hier unten ist es warm, es blüht, es fliegt und zirpt. Es gibt keine Abhänge oder Abgründe. Der Morgen scheint eine Ewigkeit her zu sein. Nur die Schmerzen in Schienbeinen und Armen, die die Last meines Gewichtes aushalten mussten, sind noch da, doch auch sie werden vergehen.

Nachts fahren wir mit den Geländewagen auf der Umgehungsstraße nach Caranavi. Wegen Bauarbeiten ist sie tagsüber geschlossen. Ein neues Bild baut sich vor mir auf: Ein Bild von wartenden Lastwagen, die sich zwischen dem Abgrund und entgegenkommenden Autos vorwärtsschieben, von neuen Schluchten, obwohl der Todesname doch schon vergeben ist.

Ich sitze auf der Rückbank am linken Fenster. Der Staub der Straße tanzt im Scheinwerferlicht. Simone, unser Fahrer, ist entspannt, wir warten, stehen, bewegen uns stückchenweise. Ich öffne meine Tür, nur aus Neugier, und leuchte mit meiner Kopflampe in die Dunkelheit. Ich frage Simone, ob ihm bewusst ist, dass ich nicht aussteigen kann, weil da kein Platz mehr ist, weil wir schon am Abgrund sind, so nah. Er bejaht, er ist ein guter Fahrer. Ich lehne mich zurück und verstehe allmählich, warum es heißt, dass die Bolivianer beten, bevor sie die tückischen Straßen ihres Landes befahren. Ich schließe die Augen, der Tag war anstrengend, und lege mein Leben in die Hand des italienischen Fahrers.

Auf der Todesstraße heute Morgen waren wir umgeben von Touristen, die hier sein wollten, angezogen vom Sensationellen, Spektakulären. Unser Guide überreichte uns am Ende der Tour ein T-Shirt. Darauf stand: *Survivor of the Deathroad.* Überlebender der Todesstraße. Das Überleben sollte selbstverständlich sein, nichts, worauf man stolz sein kann. Zu der neuen Straße, auf der wir uns nun befinden, gibt es keine Alternative. Es ist die eine Straße, die die Menschen fahren müssen, um ihre Fracht abzuliefern und neue aufzunehmen. Auch hier stürzen Menschen in den Abgrund, auch hier gibt es Erdrutsche und Steinschläge. Es erscheint mir plötzlich so falsch, die Todesstraße aus Sensationslust hinabzufahren, so wenig respektvoll der lokalen Bevölkerung gegenüber, die keine Wahl hat, die sich nicht mit einem schlechten Spruch schmückt. Für sie geht es tatsächlich ums Überleben, nicht nur auf der Straße.

Von Caranavi fahren wir nach Rurrenabaque. Die Kleinstadt am Rande des Amazonasregenwaldes ist eine Tagesreise entfernt, die üblichen Pannen mitgerechnet. Es ist wichtig, dass wir am Abend die Stadt erreichen, denn das Doku-Team unterstützt das Projekt CinemArena, das in Bolivien und Peru moderierte Kinovorstellungen gibt, in denen die Menschen vor Ort etwas über Gewalt in Familien, sexuelle Aufklärung und andere gesellschaftsrelevante Themen erfahren können. Heute Abend soll eine Vorführung in Rurrenabaque stattfinden. Um pünktlich zum verabredeten Treffpunkt zu kommen, müssen wir jedoch noch vor Einbruch der Dunkelheit den Fluss Alto Beni überqueren.

Die Straße, die uns zunächst nach Yucumo bringt, ist ähnlich eindrucksvoll wie die Yungas-Straße. Das Geräusch plätschernden Wassers begleitet uns noch immer, und die Feuchtigkeit staut sich drückend zwischen den Felswänden. Diese Fahrt durch die tropischen Täler, den Dunst und den Wald stimmt mich ruhig. Unter seinem Blätterdach, das sich hier erstreckt, beherbergt der Wald eine gigantische Artenvielfalt. Er ist ein riesiger Organismus, atmet, schwitzt und weint. Er versteckt

sein Wesen, seine Schönheit im Nebel, und er lebt nach seinen eigenen Regeln.

Leichter Regen setzt ein, als vor uns ein Lastwagen auftaucht. Ein Mann steht neben seinem Fahrzeug und begutachtet das Problem, das ihn am Weiterkommen hindert. Wir fragen, ob er Hilfe braucht, und kommen mit ihm ins Gespräch. Er heißt Pedro und erzählt, dass er Salze für die Farmer und Waren für die Märkte im Inland geladen hat. Auf dem Beifahrersitz liegen Plastiktüten voller Kokablätter, Zigaretten und hochprozentiger Alkohol. »Immer kleine Schlückchen nehmen, dann schläft man nicht ein«, sagt er und setzt die Flasche an. Der Alkohol überrascht mich nicht so sehr, wie er vielleicht sollte. So viele Gefahren erwarten die Fahrer auf den Straßen, ich kann den Wunsch nach Betäubung verstehen. Das Leben im LKW ist gefährlich, monoton, mechanisch. Es macht mich traurig, obwohl Pedro ganz zufrieden wirkt.

Dann zeigt er auf eine Stelle am Abhang, kurz vor einer Haarnadelkurve. »Da vorne, dort geschehen viele Unfälle, seht ihr die Spuren?« Er zieht die Augenbrauen hoch. Einstimmiges Nicken, ich bin ein wenig abgestumpft. Der Schlamm der Straße klebt dick an den Rädern seines Lastwagens und formt auf der Straße ein Bergmassiv in Miniaturformat, das immer wieder antrocknet, sich verändert, tiefere Furchen und höhere Erhebungen bildet. Ich möchte nicht mehr nach Spuren am Abhang suchen und mir die Geschichten dahinter vorstellen. Die Straße soll sie behalten.

»Der Schaden kann im nächsten Dorf schnell behoben werden«, entscheidet Pedro und setzt sich in das Fahrerhäuschen. Dann streckt er zum Abschied so selbstverständlich die Hand aus dem Fenster hinaus, als wären wir alte Kumpel. Der fahrende

Laster wiegt hin und her, zu uneben ist der Weg. Mach's gut, viel Glück, sage ich leise.

Wir sind wieder unterwegs. Gelegentlich räumen Bagger größere Gesteinsbrocken weg, die der Berg auf die Fahrbahn geworfen hat. Als die Abgründe schließlich aufhören und sich der Schlamm rotbraun färbt, erreichen wir eine Absperrung. Ein Erdrutsch hat die Straße für den normalen Verkehr unpassierbar gemacht, die Bagger sammeln sich wie überdimensionale Metallinsekten, um mit ihren Greifarmen die störenden Überbleibsel beiseitezuschaffen. Wir denken uns eine Lüge aus, damit wir passieren dürfen. Ein paar Papiere mit offiziellen Stempeln überzeugen den Straßenaufseher, uns weiterzuwinken, nicht genau hinzusehen.

Kurz darauf durchqueren wir einen Fluss, zwei Reiter kommen uns entgegen. Das Wasser glitzert in der Sonne und spritzt fröhlich um die Hufe der Tiere. Wenig später begegnen uns Kühe mit einem Hirten, die gemütlich auf der Straße entlangspazieren. Es ist so weit: Wir haben das Tiefland erreicht!

Nach etlichen Stunden rollen unsere Wagen in Rurrenabaque ein. Die Stadt ist, nachdem wir so lange durch die Geräusche der Natur gefahren sind, erschreckend lebendig. Sie kam zu gewissem Ruhm, als sich vier ausländische Abenteurer 1981 von hier aus in den Urwald wagten und nur zwei von ihnen wieder lebend herauskamen. Einer war Yossi Ghinsberg, der es nur mit der Hilfe eines von seinem Freund organisierten Suchtrupps nach unvorstellbaren drei Wochen in die Stadt zurückschaffte, ausgehungert, abgemagert, für tot erklärt. Der Dschungel verschluckt das Leben, wenn man nicht aufpasst. Yossi erlangte es nach dreimonatigem Krankenhausaufenthalt wieder zurück.

Das Licht ist warm und dämmrig. Die letzten Strahlen der

untergehenden Sonne liegen auf den bewachsenen Felshügeln, die die Stadt einrahmen. Hupende Motorräder überholen uns auf beiden Seiten, buntes Obst und Gemüse liegen am Straßenrand, hübsch ausgebreitet, als seien es Dekoration. Auch hier sehe ich arbeitende Kinder, die schläfrig hinter einem Tresen hocken und auf Kundschaft hoffen. Ich bin beeindruckt von dem Vertrauen, das die Alten den Jungen entgegenbringen. Die Atmosphäre im Dschungel ist versöhnlicher als im rauen Hochplateau El Altos, obwohl es doch eigentlich keinen Unterschied machen dürfte. Erstaunlich, was die Wärme mit meiner Wahrnehmung, meiner Weltsicht anstellt. Mein Geist ist so leicht zu beirren, und ich bin mir unsicher, wie ich diesen losen Gedanken bewerten soll.

Kleine Kinder klettern auf ein Motorrad und warten darauf, dass ein Erwachsener dazukommt, damit die Fahrt endlich beginnt. Leichtigkeit liegt in der Luft. Das Atmen macht Spaß. Ich fotografiere die Straße mit ihren Bewohnern, ich versuche, diesen wohligen Moment einzufangen. Ich mag es, mich an Details zu erinnern. Ich bin ein visueller Mensch. Als ich aus dem Autofenster heraus ein Foto mache, trifft mich unerwartet der Blick eines Jungen. Ich senke die Kamera. Und ich sehe sechs Kinder. Sie bewegen sich im Schwarm, sie lachen, sie machen Blödsinn, sie gehen über die Straße und drängen sich dicht an einer blauen Wand entlang – einer azurblauen Wand, an der zwei rote Handabdrücke kleben. Es sind Jungen, gleich groß, gleich alt, schmutzige Kleidung, keine Schuhe, und plötzlich schwindet meine Leichtigkeit.

Unser Auto fährt weiter. Wir müssen zum Bootsanleger, über den Fluss setzen, mit Vincent, der uns zum verabredeten Treffpunkt begleiten wird. Er ist der Mann, mit dem wir später in den umliegenden Häusern nach Strom suchen werden, damit der

Beamer auf dem weißen Laken, das von einer hölzernen Veranda hängt, sein künstliches Licht verteilen kann.

Dunkel legt sich die Nacht auf das Wasser, während das Boot dem letzten Lichtschimmer entgegengleitet. Ich sitze auf einer kleinen Holzbank an der Reling, und mein Blick wandert voraus. Ich merke, wie das Bild der Jungen, diese flüchtige Wahrnehmung, sich in mein Gedächtnis gebrannt hat, sich in meiner Erinnerung mit einem matten Gefühl verheddert. Der warme Duft der Stadt, die frohen Farben, die blaue Wand, der gelbe Bordstein, die nackten Füße, die knatternden Motorräder, alles ist hier für mich vereint, in diesem Foto, das später zu meinem Lieblingsfoto wird. Und ich kann nicht erklären, warum. Manche Gefühle auf Reisen formen sich erst allmählich, vielleicht auch Jahre später, zu konkreten, greifbaren Gedanken. Manche Gefühle hingegen bleiben verschwommen, wie auch dieses Bild. Wenn ich es heute in regnerischen Stunden betrachte, frage ich mich manchmal, was aus den Jungen geworden ist, ob sie noch immer in dieser Stadt, an dieser Wand umherwandern, ob sie noch immer in ihrer Gemeinschaft, ob sie noch immer barfuß sind.

In die Pampa

Hernando und Édith

Silbern fließen Nebelschwaden über das Amazonasgebiet, sie türmen sich auf und schwellen in sachten Wellen wieder ab. Der Wald schläft noch, als wir Rurrenabaque verlassen, um in die Moxos-Ebene, eines der größten Feuchtgebiete der Erde, zu fahren. Die Wagen holpern dem Tagesbeginn entgegen, die Nacht war zu kurz, doch die Neugier hält mich in diesen Wochen so wach wie eine Droge. Wir kommen auf einem Hügel zum Stehen und warten im Frieden des Morgengrauens auf die aufgehende Sonne. Aus dem Auto ertönt hauchzart Édith Piaf. *Non, je ne regrette rien*. Es ist, als ob die Stimme von weit her weht. In diesem Moment ist die Sicht trotz des fehlenden Lichtes konturenreich und klar. Hier bin ich nun, umgeben von sechs Italienern, deren Sprache ich nicht spreche, mit französischer Musik, deren Sprache ich verlernt habe, in Bolivien, dessen Sprache ich lernen möchte. Und ich warte, wir warten darauf, dass der Tag wieder einmal beginnt. *Je repars à zéro*, singt Édith. Nichts bereuen, nichts bedauern, vergeben, vergessen. Ich brauche keine Sprache mehr, um zu sprechen, um Freude mitzuteilen. Es ist auch sprachlos möglich, Freundschaften zu schließen. Ein Lächeln, ein Sonnenaufgang und der Schatten eines Autos, geschaffen vom ersten Sonnenstrahl des neuen Tages, genügen.

Die Sonne wandert schnell höher, die Hitze nimmt zu, der Fahrtwind streift mein Gesicht und legt den Staub der Straße darauf ab. Es ist sinnlos, dagegen anzukämpfen, alles wird eingehüllt von einer rötlichen Schicht, die die Farben besänftigt. Das Motorengeräusch der Wagen eilt uns voraus. Wir entdecken in einiger Entfernung Geier auf der Schotterpiste, die noch unentschlossen sind, ob sie ihre Mahlzeit aufgeben sollen oder nicht. Sie hüpfen mit ihren großen Schwingen um den schlaffen Kadaver herum und reißen gierig das Fleisch von den Knochen.

Gebannt von diesem Anblick halten wir an und steigen aus. Neben uns im Baum hängt ein Faultier im Schatten. Ein gleißender Punkt, heute Morgen sehnlichst erwartet, scheint jetzt hoch über uns auf diese Szenerie. Weitere Geier landen, sie wollen ein Stück vom Aas abhaben. Sie brauchen den Tod zum Überleben. Das Auto rollt weiter, im blassen Grün des Grases liegt ein Schädel vor einem Schlammloch, der Rest des Tieres ist schon längst verspeist.

Nach drei Stunden erreichen wir schließlich den Fluss Yacuma. Ein großes, hölzernes Kanu wartet bereits auf unsere Ankunft, es trägt uns den Fluss entlang. Im Gebüsch lauern Kaimane. Schildkröten sonnen sich auf Steinen und plumpsen in den Fluss zurück, als sich unser Boot nähert. Ein Geraschel ertönt. Kleine Totenkopfäffchen tummeln sich in einem Baum am Ufer und springen aufgeregt herum, als sie unsere Gesellschaft bemerken. Anstatt im Dickicht zu verschwinden, kommen sie näher ans Ufer heran, pfeifen und keckern, die Pampa wird laut. Übermütig springen sie aufs Boot, um etwas Essbares zu suchen. Ein Wasserschwein wird beim Grasen gestört und läuft in den Wald.

Es erscheint mir, als wäre diese Welt konstruiert, als könne sie nicht echt sein. Und plötzlich taucht ein flüchtiger Gedanke auf: Die Künstlichkeit meiner Welt ist zur Normalität geworden, ich bin der ungeformten, wertfreien, authentischen Natur so fern und fremd, dass es mir erscheint, als sei diese Natur selbst zu pittoresk, das Bild der Natur zu vollkommen, um tatsächlich echt zu sein.

Dann öffnet sich das Land. Unversehens wird das Ufer freier, bis die verschlungenen Bäume und das dichte Gestrüpp ganz verschwunden sind. Der Fluss verengt sich nun, Wasserpflanzen

besiedeln ihn, sodass lediglich eine schmale Rinne Wasser vor dem schlanken Holzboot übrig bleibt. Still suchen wir das Grün ab. Vor uns erstreckt sich die Weite, eine überschwemmte Savanne, aus der nur noch Grashalme hervorsprießen. Dieses Land ist spärlich bewohnt und kaum erforscht. Es wurden Hügelbeetanlagen und Grabenstrukturen entdeckt, Indizien einer unbekannten Kultur, doch die Geschichte, die Theorien dahinter fehlen noch.

Als sich die Landschaft wieder verdichtet, gelangen wir an ein großes Becken. Das Wasser ist trüb, man kann kaum etwas erkennen. Plötzlich erscheint ein riesiger, rosafarbener Schimmer unter der Wasseroberfläche und die lange Schnauze eines pinken Flussdelfins stößt senkrecht hervor. Hinter uns spritzt Wasser hoch, mehrere Tiere tauchen auf. Sie sind ursprünglich Meeresbewohner, doch hier leben sie mitten im Amazonasgebiet. Die Erdgeschichte, die Verschiebung der Kontinentalplatten über Millionen von Jahren, erklärt ihr Verbleiben in den Dschungelflüssen. Legenden flüstern, dass in den Delfinen die Seelen ertrunkener Menschen gefangen seien. Wenn die Nacht kommt, verwandelten sich die Tiere zurück in junge Männer, die die Frauen verführen. Es soll sogar Geburtsurkunden geben, die die Vaterschaft eines Flussdelfins, des *Boto Cor de Rosa*, anerkennen.

Hernando ist unser Mann für den Tag, er steuert das Boot. Ich frage ihn, ob ich ins Wasser springen darf, ich komme nicht umhin, das Klischee zu erfüllen. Im Wasser ruft Hernando mir zu, ich solle mit den Delfinen spielen. Ich frage ihn verwirrt, wie das denn gehe. Obwohl ich weiß, dass die Tiere besonders sozial sind, finde ich die Selbstverständlichkeit, mit der sie eine Beziehung zu mir aufbauen wollen, überraschend. »Klopfen und Reden«, ruft Hernando herüber und weist mich an, zu einem bestimmten Punkt in der Mitte des Flusses zu schwimmen. Da bin ich nun, aufs Wasser schlagend, umherspritzend, freundlich deutsch redend im Amazonasfluss. Mich versteht niemand, Deutsch kann hier keiner, es muss nicht jeder erfahren, was ich den Tieren erzählen will. Die Bedeutung meiner Worte wird von der Pampa aufgenommen, der Inhalt ist unwichtig. Ein Delfin streift meine Füße, andere kommen immer wieder an die Oberfläche, vor mir, neben mir, hinter mir, und ich, ich kann nicht aufhören zu lachen. Irgendwann schwimmt Simone neben mir, wir lachen gemeinsam.

Erst als wir wieder im Boot sind, überrascht es mich, dass der Rest der Gruppe nicht die Gelegenheit genutzt hat. »Du warst da vorhin etwas zu dicht am Ufer, deswegen solltest du zu den tieferen Stellen des Flusses schwimmen«, erzählt mir Hernando amüsiert. »Aber es war kein Problem, die Kaimane haben sowieso Angst vor den Delfinen.« Und da wird mir bewusst, dass auch Piranhas, Zitteraale, Seekühe, Anakondas und andere Wesen den Fluss bevölkern. Der bedingungslose Fokus auf diesen einen Augenblick in der absoluten Gegenwart hat mich leicht und schwerelos gemacht. Ich musste mich dafür nicht anstrengen, mich nur auf den Moment einlassen, auf die Möglichkeit, die mir der Fluss geschenkt hat. Ich überlege in der Hitze des Tages eine Weile, ob ich auch in den Fluss gesprungen wäre, wenn Hernando meinen naiven Enthusiasmus mit der Erwähnung herumschwimmender Kaimane gestört hätte. Und mir wird bewusst, ich wäre das Risiko eingegangen, wahrscheinlich nicht ganz so befreit, so lachend, so glückselig. Aber ich wäre in den Fluss gesprungen. Denn das ist Leben. Ich bereue nichts.

Danke Hernando, danke Édith.

In den Yungas
Koka

Bolivien ist der drittgrößte Kokainproduzent weltweit. Die Droge wird unter anderem aus Blättern des Kokastrauchs hergestellt, der an den Osthängen der Anden beheimatet ist. Da die Kokapflanze jedoch seit Jahrhunderten von der lokalen Bevölkerung sowohl als Nahrungsmittel als auch für kultische oder medizinische Zwecke genutzt wird und damit ein identitätsstiftender Bestandteil der Landeskultur ist, wird sie seit 1988 auf mehreren tausend Hektar unter anderem in den Yungas um La Paz herum legal angebaut.

Der gegenwärtige und erste indigene Staatspräsident Boliviens, Evo Morales, setzt sich für die Cocalero-Bewegung ein, die Bewegung der Kokabauern, die den Anbau der Kokapflanze erhalten will. Unter Morales' Führung trat die Regierung aus der UN-Drogenkonvention aus, die die Verfügbarkeit von Drogen einschränken soll. Damit will Morales, der Bolivien 2009 zu einem plurinationalen Staat machte und besonders die Interessen der verschiedenen indigenen Völker vertritt, die Traditionen seines Landes wahren. Gleichzeitig kämpft er gegen die illegale Drogenproduktion und ließ in den vergangenen Jahren größere Mengen Kokain und Kokapaste konfiszieren als sein Vorgänger. Der kontrollierte Kokaanbau soll durch ein Regierungsprogramm geregelt werden, dessen Ziel es ist, in Zusammenarbeit mit Gewerkschaften gleich große Landstücke unter registrierten Bauern aufzuteilen. Gegen illegale Kokafelder herrscht weiterhin ein erbitterter, teilweise blutiger Kampf. Die Regierung lässt immer wieder Felder zerstören, eine zuverlässige Kontrolle bleibt jedoch schwierig und Morales' Politik international umstritten. Die Versuchung der lokalen Bevölkerung und manchmal auch die Not, im Drogengeschäft zu schnellem Geld zu gelangen, sind groß.

Als wir mit einem Kokabauern der Region durch das legale Anbaugebiet fahren, strecke ich meine Hand nach dem Plastiksäckchen aus, das neben mir auf der Rückbank des Wagens liegt. Der Nebel hängt wie weiche Watte auf den Feldern, zum Anfassen nahe. Die Kokapflanzen haben hier die besten Bedingungen zum Wachsen. Die getrockneten Blätter schmecken bitter, sie betäuben leicht meine Wange, ich muss mich erst noch an sie gewöhnen. Diese seltsame Pflanze erleichtert den indigenen Völkern der Andenregion das Leben unter den schwierigsten Voraussetzungen. Sie ist ein Freund, sie lindert Qualen, verhängnisvolle Gedanken, sie schenkt Mut und Kraft. Das Kokablatt soll gegen Höhenkrankheit, Depressionen, Rheumatismus, Muskelverspannungen, Zahn- und Bauchschmerzen sowie Kreislaufbeschwerden helfen.

Wir passieren eine kleine Siedlung. Eckige, heruntergekommene und abgeriegelte Backsteinbauten bilden einen Halbkreis, in dem eine Matte mit Kokablättern liegt, ausgebreitet zum Trocknen. Obwohl die begrenzte Legalisierung des Kokaanbaus den illegalen Drogenhandel schwächt, gehen Schätzungen davon aus, dass immer noch mehr als ein Drittel der hier eingebrachten Ernte an Drogenkartelle verkauft und zu Kokain weiterverarbeitet wird. Ich frage mich, wie viel des Kokains, das in den Clubs und auf den Partys in Deutschland in Umlauf ist, aus dieser Gegend stammt. Was ist das für eine Pflanze, die Heilung hier und Krankheit dort verbreitet? Ich spucke die Kokablätter wieder aus.

Das Auto hält an, und eine Kokabauernfamilie zeigt uns stolz ihre Pflanzen. Der Boden unter meinen Füßen ist rutschig. Eines der Kinder rennt freudestrahlend auf das Feld zu, als würde es uns seinen wertvollsten Schatz präsentieren. An den Zweigen der Sträucher sprießen saftig-grüne Blätter, winzige Nebeltropfen haften an ihnen, und helle Flechten ummanteln die Stämme. So unschuldig sehen sie aus, ordentlich in Reihen gepflanzt, einst vom Sonnengott Inti verschenkt. Er prophezeite die unterschiedliche Wirkung der Pflanze. Denn Inti verriet einem Mann namens Kjana-Chuyma am östlichen Ufer des Titicacasees, dass das kleine, ovale Blatt seinem von den Konquistadoren unterdrückten Volk helfen werde. »Wenn dein Herz schmerzt, wenn dein Körper hungert und dein Geist verhangen ist, nimm das Blatt in deinen Mund und entnehme vorsichtig seine Seele. Sie ist ein Teil von mir«, höre ich Inti sagen.

Ich muss an Pedro, den LKW-Fahrer, denken, der noch immer auf den Todesstraßen dieses Landes unterwegs ist, der beseelt ist vom Sonnengott Inti. Das Koka lässt auch heute die Menschen zu besseren Sklaven werden, jetzt Sklaven ihres eigenen Lebens, früher die der Konquistadoren. Der spanische Eroberer Juan Ortiz de Zárate hielt einst fest: »Die Indios in den Minen können 36 Stunden unter Tag bleiben, ohne zu schlafen und zu essen.«

Außerdem sagte Inti, dass der Segen der Blätter für die weißen Unterdrücker zum Fluch werde, ihre Wirkung sich ins Gegenteil verkehre, ihr Gebrauch sie zerstören werde. Koka verwandelte sich erst in Europa in den 1850er Jahren zum verhängnisvollen Kokain. Es hat vielen Menschen vor meinen Augen zu ihrem eigenen Unglück verholfen. Die Geister dieses Landes, ich lerne sie langsam kennen.

Auf dem Weg zur peruanischen Grenze, zwischen La Paz und Desaguadero, erreichen wir das Weltkulturerbe Tiahuanaco, eine Ruinenstätte der Prä-Inka-Kulturen. Der alte Komplex war spirituelles und politisches Zentrum eines unbekannten Volkes, das die Aymara als ihre Vorfahren bezeichnen. Selbst der Zeitpunkt von Tiahuanacos Erbauung kann bisher nicht genau ermittelt werden. Die Schätzungen variieren um viele Jahrhunderte. Die Wissenschaft diskutiert und bleibt uneinig. Das Mysterium wird angefacht durch die hochpräzisen astronomischen Vermessungen, nach denen Tiahuanaco errichtet wurde. Denn die noch vorhandenen Gebäudegruppen des Zeremonialzentrums sind auf die beiden Tagundnachtgleichen ausgerichtet, die den Zeitpunkt im Jahr markieren, an dem Tag und Nacht gleich lang sind. Dann wird der Zentralplatz, die als Kalasasaya bezeichnete Sonnenwarte, von den Sonnenstrahlen in zwei exakte Hälften geteilt.

In der Mittagshitze sind die Straßen des gleichnamigen Dörfchens leer, die meisten Besucher sind vielleicht schon fort, nur eine alte Frau schlendert mit ihren Schafen auf der Straße entlang und treibt sie müde vor sich her. Wir können nicht wissen, welche Menschen hier lebten, welche Sprachen gesprochen wurden. Ich überdenke den Begriff Prä-Inka-Kulturen – eine Konstruktion, die die Existenz verschiedener Völker wahllos zusammenschmeißt, Identitäten in einem Tiegel verschmelzen lässt. Doch es gibt keinen Ausweg, die Ruinen sind das Einzige, was die Zeit überdauerte. Die Lebendigkeit der Stadt von einst ist jetzt leere Vergangenheit.

Ich gehe nun zur Kalasasaya, zum ältesten Teil der Ruine. Pink blühende Distelbüsche wachsen zwischen dem trockenen Gras. 175 Menschenköpfe starren mich aus der Mauer an, die den Zentralplatz umschließt. Jeder sieht anders aus, sie kämpfen gegen das Vergessen.

Gewaltige Mauern und Monumente umgeben mich. Statuen, gehauen aus einem einzigen Felsblock, stehen wie die letzten

Krieger einer verlorenen Schlacht auf dem Steinfeld, unter ihnen die Reste ihrer Kultur, deren Großteil noch immer in der finsteren Erde schlummert und auf Ausgrabungen wartet. Der lehmige Boden ist bereits aufgerissen. Ein feines Muster überzieht die Erde, winzige Spalten und Furchen, geschaffen von der Trockenheit, weisen in die unbekannte, unerforschte Erde hinab.

Als einstige Beschützer ihrer Welt tragen die Statuen, vielleicht Könige, vielleicht Götter, die Zeichen politischer und religiöser Macht. Für die Erbauung der Stätte wurden Felsblöcke aus dreißig Kilometer entfernten Höhlen herangeschafft. Nach dem Untergang Tiahuanacos entwendeten Dorfbewohner die Steine der Ruinen, um eine Kirche und Häuser zu bauen. Bis nach La Paz sollen die Steine gekommen sein. Das erschwert es natürlich, die Geschichte zu rekonstruieren. Naturkatastrophen, Menschen, Militärübungen, schlicht das Leben veränderte die Stätte, ist das verwerflich? Wenn überall die Vergangenheit geschützt werden muss, wo soll man dann leben, um neue Vergangenheit zu schaffen?

Die unbekannte Weltgeschichte wird noch heute verehrt, wenn die Aymara am 21. Juni in Tiahuanaco die Wintersonnenwende feiern, um das neue Jahr zu begrüßen. »Setz dich nieder, kleines Lama«, bedeutet der Name in ihrer Sprache. Die Stätte wird auch künftig ein lebendiger Teil ihrer Welt sein.

Ich liebe Grenzübergänge. Der Tag eines Grenzübertritts ist meist anstrengend und steckt voller Ungewissheit. Hier versammeln sich seltsame Transportmittel, Schwarzgeldmärkte, bewaffnete Menschen auch ohne Uniformen, Schmuggler, Dealer. Es sind Orte, an denen Hoffnungen aufkeimen oder ersticken, an denen neue Allianzen geschmiedet werden oder tränenreiche Abschiede stattfinden. Grenzübergänge befinden sich in einer Zwischenwelt, die für einen Augenblick in Unentschlossenheit erstarrt. Gehen oder bleiben?

Doch für viele Menschen gehören sie zum Alltag, sie können nichts daran ändern, dass sie ausgerechnet an diesem Ort geboren wurden, dass manchmal nur wenige Meter von ihrem Haus entfernt die Sprache, die Staatsform, die Lebenswelt eine andere ist. Es muss schwierig sein, sich zu fragen, wie das Leben vielleicht verlaufen wäre, wenn man fünfzig Meter weiter nördlich, südlich, einfach woanders, geboren worden wäre. Vielleicht stellen sich Menschen, die an Grenzen aufwachsen, diese Frage etwas häufiger. Doch das ist nur Spekulation.

Als wir nun von Tihuanaco aus nach Desaguadero fahren, sehe ich die farbenfrohen Häuschen, die sich türmenden Pakete und Lasten auf umfunktionierten Fahrrädern und die lange Schlange vor dem Einreiseschalter. Ein kleines Kind, es kann gerade laufen, wird auf die Ladefläche gehoben, auf der unsere Rucksäcke liegen. Es trägt eine weiße Pudelmütze mit zwei angenähten Wollohren und schaut neugierig umher. Seine Hände sind schelmisch vor dem Mund gefaltet, während wir unser Gepäck verladen und ich versuche, es zum Lächeln zu bringen. *Bienvenido Peru,* sagt das rote Banner, das über der Straße hängt.

Dieser Grenzort wird in der Mitte gespalten, zerrissen, aufgeteilt zwischen den Ländern Bolivien und Peru. Nun ist es so weit.

Meine Arbeit beginnt. Ab hier werde ich offiziell für die Dokumentation arbeiten. Die Geschichten, ich werde sie finden und niederschreiben.

Zum ersten Mal sehe ich den Titicacasee. Peru empfängt mich mit einem atemlosen Blau auf fast viertausend Höhenmetern. Kleine bunte Holzboote treiben auf der riesigen Wasserfläche. Im Hintergrund ruht das weiße Bergmassiv Illampú. Vielleicht ist es der schönste, friedlichste Grenzübergang meiner Reisegeschichte. Die Atmosphäre ist aufgeladen, sie prickelt auf der Haut, und frisch duftet die Luft. Das Leben hier muss schön sein. Doch vielleicht täuschen mich die Ruhe dieser Stunden, die Farben, die Wärme, mein Wohlbefinden. Vielleicht sehe ich diesmal nicht richtig hin.

Route

Hauptstraßennetz

200 Kilometer

Peru
Bolivien
Maranon
Imacita
Chachapoyas
Kuelap
Leymebamba
Santa Rosa
Huaraz
Cerro de Pasco
La Oroya
Lima
Huancayo
Rio Alto Madre de Dios
Machu Picchu
Tres Cruces
Pillcopata
Ayacucho
Ollantaytambo
Paucartambo
Cusco
Ayaviri
Tinjani-Canyon
Titicacasee
Uros

Titicacasee

Die schwimmenden Inseln

Der See hat ihnen einen neuen Lebensraum gegeben. Diese gewaltige Fläche, changierend in unterschiedlichsten Blautönen, war Rückzugsort, Sehnsuchtsort, Herberge für die Uros. Die einstigen Festlandsiedler flüchteten vor Hunderten von Jahren vor den herrschenden Inkas auf das Wasser. Sie mussten Seemenschen werden; es war für sie die einzige Möglichkeit, in Freiheit, Selbstständigkeit, Unabhängigkeit zu leben. Jetzt gehört das Wasser ihnen.

Als unser Boot ablegt, weht die rot-weiß gestreifte Fahne Perus im Wind. Wir fahren durch die Algenmatte des Titicacasees, die Steinhäuser der Stadt Puno werden immer kleiner. Das Totora-Schilf säumt die Ufer, es ragt in den See hinein und bildet dabei einen goldgelben Teppich. Die ersten Uro-Hütten flankieren unsere Fahrrinne, auf den Schilfinseln schweben sie über dem Wasser. Bald sind wir da.

Die Uros erschufen etwas Einzigartiges. Ihr Leben begann mit einem Totora-Floß, das sie weit weg von den Inkas auf den See hinaustrug. Sie ließen allmählich ein flüchtiges und brüchiges Reich entstehen, schwankend, schwirrend, im stetigen Zerfall begriffen – Stück für Stück. Aber es war ihr eigenes, unabhängiges Gefilde. Die Ufer des Sees steckten die Grenze ab, zu gefährlich war das Festland. Den Inkas gelang es nie, die Uros zu unterdrücken.

Als das Boot näher an die Inseln fährt, sehe ich unser Ziel. Einige Frauen stehen am Ufer und winken. Ihre üppigen Faltenröcke schwingen umher, wenn sie die Hüften drehen. Die Insel ragt einen halben Meter aus dem See heraus, und tatsächlich kann ich die unzähligen Schichten Totora-Schilf erkennen, die sie vorm Untergehen bewahren. Noch ist sie im Seeboden verankert, die schwimmende Insel. Doch wenn es die Zeit gebietet, können die Uros die Befestigung vom Grund kappen und ihr Zuhause in die Mitte des Sees gleiten lassen, wie damals, wenn sie sich vor den Inkas verbergen mussten.

Die Bewohner der Insel empfangen uns herzlich, sie haben uns erwartet. Dies ist mein erster bewusster Besuch bei Menschen einer ethnischen Minderheit. Die beiden Wagen, die uns tiefer ins Inland bringen werden, stehen am Ufer. Wir sind Touristen auf einem Halbtagesausflug. Wir haben Geld bezahlt, um uns die Lebensweise der Uros anzuschauen. Der Kontakt ist damit künstlich, gefiltert, irgendwie unecht. Bisher habe ich so etwas immer vermieden. Ich wollte die Menschen unterwegs kennenlernen, nicht nach bestimmten Merkmalen oder Kategorien suchen, keine Hierarchien oder Erwartungen aufbauen, nicht die Rollen der Unterhaltungsgesellschaft verteilen: Du bist der Entertainer, ich bin der Zuschauer. Der zufällige, ungeplante Austausch ist es, den ich am Reisen so schätze.

Unser motorisiertes Boot legt an, das weiße Plastik blendet in der Sonne, es passt nicht in diese natürliche Totora-Welt. Hier besteht das Universum aus der Schilfpflanze: die Häuser, die Schlafmatten, das Essen, die Insel selbst. Das weiche Strohgelb dominiert – eine Komplementärfarbe zum Wasser. Die von vielen indigenen Völkern verehrte Naturgöttin Pachamama ist gnädig, sie nährt die Uros mit einer einzigen Zutat, einer Wunderpflanze, einem Alleskönner.

Ich setze den Fuß auf die Insel. Federnd und leicht gehe ich die ersten Schritte. Der Untergrund fühlt sich schwammig, moosig an. Vier Familien leben auf dieser Insel, neben mir steht ein kleiner Aussichtsturm, auf dem Kinder spielen. Ihre Wangen sind von der Sonne verbrannt, ledrig und wund. Es gibt keinen Schatten, nur buntes Licht an diesem unwahrscheinlichen, wunderlichen Ort. Getrocknete Fische und Vögel liegen in der Hitze. Ein kurzes Ekelgefühl überkommt mich, als ich die zarten, weißen Rippen der kleinen Vögel sehe, die aus dem verkohlten Fleisch herausstechen. Vor einigen Tagen dümpelten sie noch zwischen dem Schilf umher. Was wäre mir lieber? Ein abgepacktes Hähnchen aus dem Kühlregal, anonym und steril? Immerzu bin ich mit meiner eigenen Scheinheiligkeit konfrontiert.

Wir bitten um ein Interview, wollen mit den Uros über ihre Geschichte sprechen. Doch es ist nicht so leicht: Wir werden zunächst auf ein traditionelles Totora-Boot begleitet, um die Insel wieder zu verlassen. Zwei kleine Kinder, Sara und Saul, leisten uns mit ihrer älteren Schwester Maria Gesellschaft. Der Präsident der Uros muss in die Entscheidung miteinbezogen werden, er muss die Erlaubnis zum Filmen geben. Wir warten, der See ist ruhig, der Himmel klar.

Als wir nun ziellos umherfahren, denke ich darüber nach, was eigentlich die Motive und Zwecke solcher Besuche sind. Mit dem Finger darauf zu zeigen, und dabei der Gedanke: So könnte ich niemals leben? Oder möchte ich einfach nur etwas lernen, diesen Besuch als Lernerfahrung begreifen? Betonen die Menschen ihre Tradition, übertreiben sie in den Darstellungen, zeigen nur diese eine Lebensweise, weil sie wissen: Das ist es, was die Touristen sehen wollen? Sind die Menschen vielleicht sogar in ihren Traditionen gefangen, weil sie damit Geld verdienen? Konservieren sie die Zeit und vermeiden damit möglicherweise die Veränderung von Tradition? Es sind Fragen, auf die es wohl keine klaren Antworten gibt.

Während wir auf dem Totora-Boot dösen, wird mir bewusst: Natürlich steige ich lieber in das Boot aus Schilf als auf das aus Plastik. Natürlich mag ich die Harmonie, die sich vor meinem

Auge ausbreitet, die Romantik der Geschichten. Ich will diese Welt als Einheit begreifen, als die Totora-Welt der Uros. Ich möchte die Tradition unterstützen. Ich will, dass die Tradition der Uros fortbestehen kann, obwohl ich kein Recht auf diesen Wunsch habe. Ich will das romantisch verklärte Bild bestätigt sehen, das ich vor Augen habe, und alle Störfaktoren ausblenden: die Solarplatten auf einer Hütte oder das Radio, das im Hintergrund plärrt. Ein motorisiertes Boot, das am Schilf entlangfährt, unterbricht die Stille, die Idylle, die ich mir so hart erkämpfe, wenn ich reise. Ich will nicht beschreiben, wie die Frauen der Uros, die nun zu Entertainern geworden sind, uns ein fröhliches »Hasta la Vista, Baby« zurufen und ihr Totora-Boot »Ferrari« taufen, um uns zum Lachen zu bringen. Ihre Aufgeschlossenheit ist der Beweis der globalisierten Welt, das Gegenteil von Abgeschiedenheit, Geborgenheit, Einfachheit.

Ich habe auf meinen Reisen eine Beobachtung gemacht: Wenn ich durch eine mir unbekannte Kultur reise, gleiche ich sie unterbewusst immer mit meiner eigenen ab. Ich versuche, sie zu beschreiben, sie in Kategorien zu unterteilen, damit ich sie besser verstehen, sie besser greifen kann. Es ist mir nicht möglich, ihr wertfrei zu begegnen, und es ist vielleicht auch in Ordnung, solange ich diesen Umstand reflektieren kann. Je länger ich mich jedoch in der fremden Kultur bewege, desto nuancenreicher und vielfältiger kann ich sie wahrnehmen, da sie mir vertrauter wird. Ich lerne die Menschen kennen, und erst ihre Individualität zeigt mir, dass ich eigentlich kaum etwas über Kulturen sagen kann, sondern lediglich über einzelne Personen. Vielleicht ist das ein guter Weg, um Klischees und Vorurteile abzubauen.

Als wir wieder auf die Insel zurückkehren, lacht mich Martin Charca Coyla, der Präsident der Uros, herzlich an. Stolz sitzt er barfuß auf einer zusammengerollten Matte, hinter ihm der Titicacasee, sein Reich. Eine traditionelle Mütze schützt ihn gegen Kälte und Sonne, die immer einen Spalt findet, um die Gesichter der Menschen zu verbrennen. Er hat entschieden, dass wir die Geschichte der Uros in unserem Film erzählen dürfen. Er berichtet, dass etwa 1700 Menschen auf 85 Inseln leben. Es dauert eineinhalb Jahre, um eine Insel zu bauen, und sie ist dem stetigen Verfall geweiht, denn das im Wasser treibende Schilf verfault von unten. Alle paar Tage müssen neue Totora-Pflanzen auf den Böden der Inseln aufgetürmt werden, um sie zu erneuern.

Während Martin weitererzählt, frage ich mich, was es für Menschen gewesen sein müssen, die vor Hunderten von Jahren die Hoffnung nicht aufgaben, dass ihre Inseln am Ende tatsächlich schwimmen könnten, dass sie ihre Bewohner beschützen und nicht mit allem, was darauf ist, untergehen würden. Wie fühlt es sich an, einem permanenten Kampf gegen die Zeit ausgesetzt zu sein, seinen Lebensraum ständig erhalten zu müssen? Die Uros können keine Ruinen hinterlassen, die in ferner Zukunft ihre Geschichte erzählen, Geheimnisse schüren werden. Ihr gesamter Besitz wird vom See verschluckt, wenn sie nicht aufpassen. Martins Augen werden ernst, als er berichtet, dass die Inseln manchmal sinken, weil sich die jungen Leute nicht vernünftig um die Instandhaltung bemühen. Die Lebensweise der Uros überdauerte die Jahrhunderte, obwohl bereits viele auf dem Festland leben. Mit dem Geld, das der Tourismus ihnen einbringt, gelingt ihnen das Leben ein wenig besser. Sie haben eine Schulinsel erbaut und können Lehrer bezahlen, sie können ihren Müll entsorgen und bestatten ihre Toten auf einem kleinen Friedhof an Land. Früher verschwanden auch sie in den Tiefen des Sees.

Plötzlich springt Martin hoch. Er will uns zeigen, wie man die festen Schlammblöcke der Totora, aus denen der Untergrund der Inseln besteht, aus dem Erdreich herausschneidet. Also fahren wir mit einem Ruderboot ins Schilf hinein. Schwirrende Hitze steigt jetzt vom See auf, und mir wird schummrig. Flink geht er von Bord, hinein in das unbekannte Gras. Mit einer riesigen Säge

schneidet er langsam einen kleinen Block aus dem Schlamm, er möchte uns unbedingt an dieser Erfahrung teilhaben lassen. Ein fröhlicher Eifer hat ihn gepackt. Als wir zurückkommen, bereiten die Frauen gerade das Essen zu, ein Mädchen wäscht sein jüngeres Geschwisterkind, wir dürfen uns auf den Boden setzen und werden nicht länger wie Besucher hofiert. Die Atmosphäre

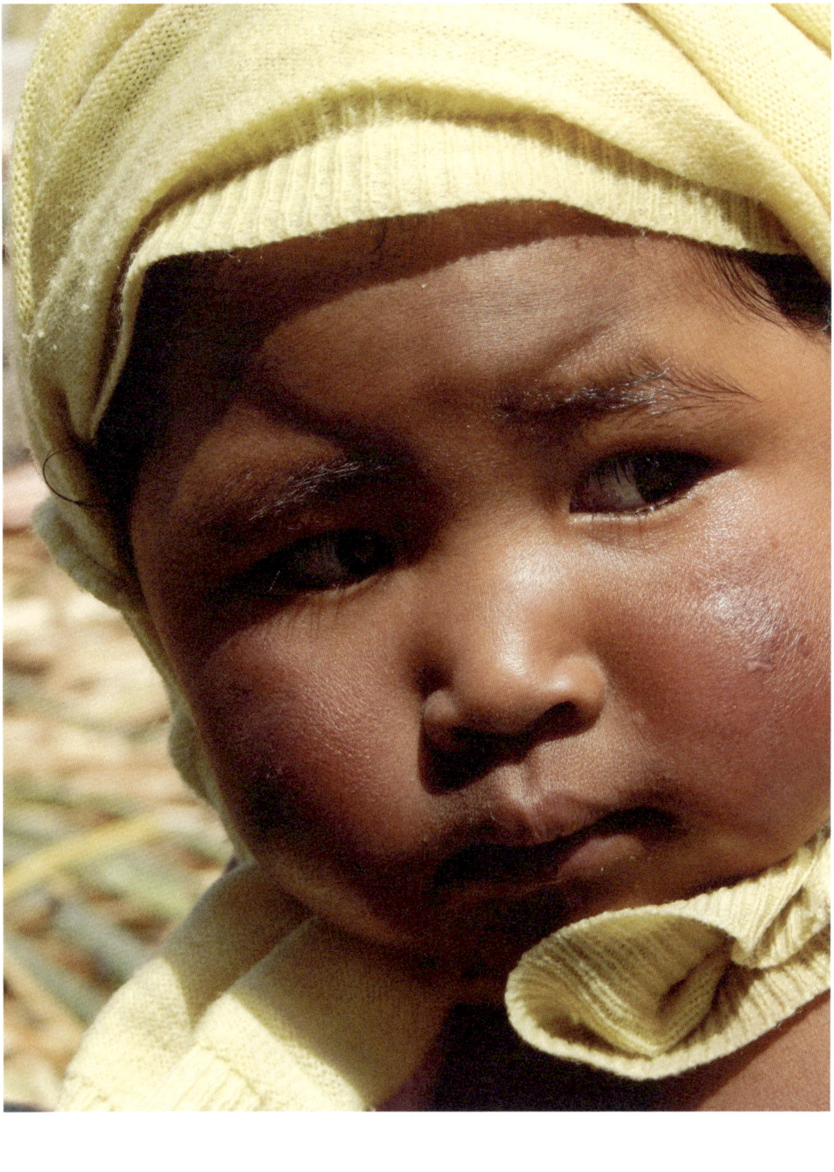

wird lockerer, natürlicher. Wir unterhalten uns nicht mehr über die großen Fragen, wie etwa die Errichtung der Inseln und Häuser, die Hochzeitszeremonien oder Bestattungen. Wir wollen wissen, woher sie die Kartoffeln haben, ob sie Handel betreiben, wie sie ihre Kinder auf die Schulinsel bringen, ob es Ferien gibt und lauter solche alltäglichen Dinge.

Wir sind endlich nur noch Gäste, die einfach nicht abfahren, die die beiden Frauen der Insel nun mit Nancy und Irma ansprechen können und nicht weiter von »den Uros« reden.

Tinajani-Canyon

Die Vertreibung aus dem Paradies

Ayaviri gibt uns einen Schlafplatz für die Nacht und Musik am Morgen. Ein bunter Spielmannszug durchquert die Straße vor dem Haus, ich schrecke kurz hoch, als die Bläser einsetzen, lasse den Kopf wieder auf das Kissen sinken und stopfe schließlich doch meine Sachen schnell in den Rucksack. Es ist einer der seltenen Tage, an denen wir erst nach Sonnenaufgang aufstehen. Die Bedeutung des Stadtnamens ändert sich mit der Wahl der unterschiedlichen Sprachen Perus. In Urikuilla bedeutet der Name »Ort, an dem Schilf wächst«, in Pukin »Farm der Kinder«, in Aymara »Ort, an dem die Spinner leben«, in Quechua »Treffpunkt vieler Armeen«.

Auf einer staubigen Piste fahren wir in den Tinajani-Canyon. Die Sandkörner wirbeln unter den Rädern auf, verdecken die Sicht wie ein Schleier und beruhigen sich nur allmählich wieder. Wenn wir durch die einsamen Gegenden dieses Landes fahren, denke ich oft, wir sind die einzigen Reisenden auf den Straßen. Es gibt nur uns, die Musik im Auto und das Walkie-Talkie, mit dem wir uns abstimmen, auf Gefahren hinweisen, die Route ändern oder Witze erzählen.

Und dann gibt es noch die Welt vor der Windschutzscheibe. Manchmal liegt sie einfach nur da, abgeschottet und fern, und ich bin nur Beobachterin. Öfter jedoch fühle ich mich wie eine Dirigentin, die zur Weltmusik aus dem Radio die Felsformationen und Abgründe erschafft, die hinter jeder Ecke auftauchen, schroff oder glatt, gemustert, strukturiert, mit Licht und Schatten versetzt. Es ist, als könnte ich die Welt neu errichten, als folge die Verteilung der Natur, der Gebirge, der Nebelmeere und Regenwälder einer inneren Logik, als müsste alles unausweichlich genauso aussehen, wie ich es vorfinde. Es ist, als lebten wir in der besten aller Welten, würde Voltaires Held Candide, der alte Optimist, sagen. Und ich lächle bei dem Gedanken der Straße entgegen. Das Auto ist eine Zuflucht, ein Wurmloch, das zwei Universen miteinander verbindet, solange wir fahren. Doch wenn wir halten, sich der Zündschlüssel dreht und die Musik erlischt, kann ich es kaum abwarten hinauszukommen, in diese neue Welt, hastig auszusteigen, aufzuwachen aus meinen Tagträumen und auf den nächsten Fels zu klettern, um endlich eine bessere Sicht auf die Weiten des Landes zu erhalten.

Die Sonne blendet mich. Vor uns fließt ein Fluss, die Piste ist nur noch sehr schmal und führt geradewegs in das grelle Wasser. Die Reifen durchtrennen es mühelos. Ein paar Wassertropfen spritzen an meine ausgestreckte Hand. Noch immer befinden wir uns auf der Hochebene, etwa viertausend Meter über dem Meeresspiegel. Die gewaltige Schlucht des Tinajani-Canyons dehnt sich auf über zweihundertfünfzig Hektar aus. Im Schatten ist es furchtbar kalt, die Sonne brennt. Die Felsen rücken allmählich näher heran, rote Steilwände werden von gewellten Mustern durchzogen, als hätten Riesen Skulpturen aus dem Stein hauen wollen. Ich erkenne wütende Gesichter, Geister, Drachen und Fabelwesen in der Mittagshitze.

Langsam fahren wir weiter. Der Weg ist hier mehr denn je ein Teil des Erfahrens und Erlebens. Nirgends erkennen wir die Spuren menschlichen Lebens. Die roten Felswände verschwinden, und eine ausgedehnte Hügellandschaft verleiht dem Horizont neue Formen. Wir steigen aus. Die Königin der Anden, die Puya Raimondii, hat sich hier den Raum erobert. Diese außergewöhnliche Pflanze wächst nur in den Bergen und bildet lediglich einmal in ihrem Leben einen acht Meter hohen Blütenstand aus. Es ist die Krönung und der Abschluss ihres Lebens, denn nach der neunmonatigen Blütezeit wird sie ihre Samen mit dem Wind

in die Weiten schicken und sterben. Etwa ein Jahrhundert hat sie dann überdauert, Menschen und Tiere kommen und gehen sehen. Jetzt begrüßen wir sie.

Zwischen den Puyas grasen Schafe, die uns auf die Anwesenheit von Menschen schließen lassen könnten, doch die Sanftmütigkeit der Wiesen, die weichen Farben und der besondere Duft der Höhe trüben unsere Achtsamkeit. Wir sind nur einige hundert Meter vom Auto entfernt. Stefano filmt die Landschaft, wir anderen stehen schweigend neben ihm und genießen die Sonne im Rücken.

Überraschend erscheint ein Mann zwischen den Gräsern in der Ferne. Wir wundern uns, woher er gekommen sein mag, und entdecken erst jetzt eine Hütte mit einem Strohdach, die von einer provisorischen Mauer umgeben ist. Steinüberreste sind auf unserem Weg schon lange kein Grund mehr, um tatsächlich Menschen in der Nähe zu vermuten, hier in diesem Land voller mystischer Ruinen und märchenhafter Geschichten.

Paolo hebt seine Hand und grüßt freundlich. Er spricht am besten Spanisch. Unerwartet schreit der Mann aggressiv zu uns herüber. »*Somos amigos*«, versucht es Paolo. Wir sind Freunde. Doch der Mann gibt uns zu verstehen, dass er nicht will, dass wir filmen, und streckt uns anklagend den Finger entgegen. Die Kamera ist längst ausgeschaltet und verstaut. Als Paolo erklärt, dass wir eine Dokumentation drehen, und fragt, ob wir ein Interview mit ihm führen dürften, rennt der Mann zu seiner Hütte. Fragend blicken wir uns an, bleiben ruhig stehen und warten. Im Laufschritt kommt er zurück, in der einen Hand eine riesige Zwille, in der anderen Hand einen faustgroßen Stein. Ich kann die Situation nicht schnell genug erfassen. Aus dem Augenwinkel sehe ich, wie Paolo schützend die Hände vor sein Gesicht hält. Der erste Stein schlägt mit einer gewaltigen Wucht zwei Meter neben uns ein. Ich zucke zusammen. »*Somos amigos, somos amigos*«, schreit Paolo hysterisch und weicht zurück. Ich habe noch immer nicht begriffen, dass dieser Mensch mit Steinen auf uns zielt, die tödlich sein könnten, wenn sie uns treffen. Ich bin mittendrin und fühle mich trotzdem irgendwie unbeteiligt. »Was ist hier los?«, frage ich laut. Der nächste Stein rauscht an uns vorbei und landet hinter uns auf dem Sandweg. Fassungslos starre ich ihn an. »Was sagt der Mann?«, will ich wissen, doch neben mir ist niemand mehr.

Die menschliche Sprache ist nichtig und wertlos geworden in der trügerischen Idylle. Wir sind Freunde – Worte ohne Inhalt, leere Worte in der Abgeschiedenheit dieser Gegend. Unsere Freundschaft wird zurückgewiesen. Puya Raimondii wird stumme Zeugin eines einseitigen Kampfes. Die Laute des Mannes klingen jetzt wie Kampfgeschrei, als wolle er wilde Tiere von seinem Grund vertreiben. Die anderen rennen bereits zum Auto. Ich stehe hier und schaue zu, wie der Mann den nächsten Stein holt und die Zwille ansetzt. Die Welt besteht aus Watte, weiße Wolken besprenkeln den blauen Himmel, die Schafe grasen friedlich.

Dann höre ich, wie mein Name gerufen wird. Ich soll rennen, in dieser besten aller möglichen Welten. Ich renne also, weil man es mir rät, und mag nicht glauben, dass wir die Situation nicht mit Worten lösen können. Der Motor ist bereits angelassen, als ich auf die Rückbank springe. Die Steine fliegen durch die Luft, einer trifft die Seite des Geländewagens. Christobal sitzt am Steuer, er fährt den zweiten Wagen. Er ist Peruaner und kennt die Straßen seines Landes. Paolo fragt mich, ob es mir gut gehe. Doch, ja, es geht mir gut, ich bin erstaunlich gelassen. »Warum bist du nicht gerannt?«, will er wissen. Es ging zu schnell, ein Reh im Scheinwerferlicht, ein Candide in der Welt, schlicht und naiv, aus dem Paradies verstoßen, zumindest heute.

Dann kommen die Fragen: Warum bewirft uns ein Mensch mit Steinen? Warum will er uns verletzten, vielleicht töten? Es ist das erste Mal in meinem Leben, dass ich mit einer Waffe angegriffen werde. Die Watte ist noch immer in meinem Kopf. Die Welt hat sich nicht verändert, eigentlich. Christobal stellt eine Theorie auf: Der getarnte Hirte ist bestimmt ein Drogenschmuggler, vielleicht lagert er hier die Kokainpäckchen, die über die Panamericana in die Nachbarländer und schließlich nach Amerika und Europa gebracht werden. Schließlich sind wir nur wenige Kilometer von dem berühmten Highway entfernt. Christobal ist überzeugt davon, dass es sich um illegale Geschäfte handeln muss. Er hat solche Reaktionen schon oft erlebt, er kennt die Strukturen seines Landes. Vielleicht stand der Mann sogar selbst unter Drogen. Vielleicht aber spürt er auch nur tiefste Fremdenangst und ist in der Einsamkeit des Tals ein wenig verrückt geworden. Ich würde gerne zurückkommen und ihn fragen. Ich will wissen, warum ein Mensch so reagiert.

Während wir schweigend weiter nach Cusco fahren, bin ich mir jedoch einer Sache gewiss: Er ist es, der aus dem Paradies verstoßen wurde, und für ihn ist diese Welt ganz sicher nicht die beste aller möglichen.

Cusco
Nabel der Welt

Cusco bedeutet »Nabel der Welt« auf Quechua. Die Stadt war Mittelpunkt der Inkakultur und Zentrum ihres nach den Himmelsrichtungen aufgeteilten Reiches. Große Namen alter Inkaherrscher raunen durch die Gassen. Präzise gehauene, exakt bemessene Steine bilden die Konturen vergangener Mächte. Steine um Steine um Steine, kleine und große, eckige und runde, manchmal rau, manchmal glatt, werden überall verehrt, begeistert studiert und vermessen. Menschen aller Nationen schwimmen durch Cusco hindurch, sie reden, sie reisen, sie wollen lernen, staunen, sehen. Nur ich weiß nicht, was ich von der Stadt will. Sie überfordert mich.

Eine alte Frau sitzt an einer Mauer, die am historischen Zentrum Cuscos entlangführt. Niemand beachtet sie, weder die Mauer noch die Frau. In den Fugen wachsen kleine Pflänzchen, grün vor Hoffnung auf das Leben, das die Mauer ihnen spendet. Auch die Frau will hoffen, sie ersucht um die Möglichkeit weiterzuleben, hier im Weltennabel. Es ist das erste Mal, dass ich in diesem Land einen Menschen auf der Straße um Spenden bitten sehe. Es ist das Eingeständnis eines Menschen, der weiß, dass er nicht mehr aus eigener Kraft überleben wird, der sich dem Wohlwollen der anderen aussetzt, der sich anlehnt an die Überreste einer verblichenen Kultur. Die Frau wirkt in dieser sauberen, künstlichen und pompösen Umgebung wie ein Fremdkörper, als sei es nicht mehr ihre Stadt, ihre Heimat. Alles, was ihr bleibt, ist Demut.

Das Welterbe ist vollgestopft mit sogenannten Sehenswürdigkeiten. Die Farben der Regenbogenfahne Cuscos stehen für Veränderung, Aufbruch und Frieden, sie stehen für Toleranz, Akzeptanz und die Vielfalt der Lebensformen. Ein Symbol, das nicht immer den Zustand dieser Stadt verkörperte, denke ich. Denn die einstige Vielfalt der Lebensformen wurde bei den kolonialistischen Kämpfen um Cusco zerstört und liegt längst in Trümmern. Die vorherrschenden Konquistadoren haben der Stadt ihre Prägung verliehen. Christliche Kirchen überwuchern das Stadtbild wie eine lästige Plage aus vergangener Zeit. Sie stehen auf unsichtbaren Inkaruinen, sind zwar hübsch anzusehen, aber bleiben, trotz der Regenbogenfahne, stumme Kämpfer gegen Toleranz und Akzeptanz, gegen Vielfalt, gegen Veränderung, gegen alternative Lebensformen. Erst seit 1973 herrscht völlige Religionsfreiheit in Peru. Die peruanische Elite wurde ausgespuckt von den Nachfahren der Spanier. Sie kontrolliert, sie besitzt. Sie ist nicht schuld an ihrem Erbe. Doch der Rest des Landes versinkt in Armut. Es ist ein Kontrast, den ich in der Flagge nicht wiederfinde. Als hätte Pachamama Gerechtigkeit eingefordert, wurde Cusco in den Jahren 1650 und 1950 von Erdbeben zerstört. Kirchen und Paläste fielen, die Grundmauern der Inkas überdauerten. Beide Male wurde die Stadt nach kolonialem Vorbild wieder aufgebaut. Vielleicht ist Cusco der Inbegriff aller Romantisierung der Kolonialzeit, denn die oberflächliche Schönheit dieser Stadt ist nicht zu leugnen. Kleine Rundbögen, Dächer aus rotem Backstein, Holzschnitzereien, Türmchen und ornamentale Verzierungen machen sie zu einem Mekka für Touristen. Die Vertreibung indigener Völker, die unberechtigte Landnahme und die blutige Unterdrückung, damals, vor einem halben Jahrtausend, werden vom idyllischen Schleier überdeckt.

Ich kann die gewaltige Historie an diesem Ort nur bedingt fühlen, weil ich keine persönliche, emotionale Bindung zu ihr habe. Ich bin fremd, fremd in jeder Hinsicht. Ich finde es spannend zu hören, dass 1572 in Cusco der Inkakönig Túpac Amaru hingerichtet wurde oder dass die Stadt während des Unabhängigkeitskrieges im Jahr 1820 Sitz von José de la Serna war, dem letzten spanischen Vizekönig in Peru.

Als ich nachts über das Kopfsteinpflaster gehe und die Steine im Schein der Stadt glänzend vor mir liegen, glattgerieben von den unzähligen Füßen, die ihres Weges gingen, da merke ich, dass ich nicht bewerten, mich nicht einer Seite zuordnen will. Auch die Inkas eroberten sich kämpferisch ihr Reich. Doch das, was mir hier in Cusco plötzlich bewusst wird, ist, dass die Welt aus Veränderung besteht, dass es keine Beständigkeit gibt, dass Geschichte oft trügerisch ist, weil sie nur aus einer Perspektive, oder zumindest doch aus zu wenigen Perspektiven, erzählt wird, dass es zu viele Schritte in den Gassen der Stadt gab, die nicht mehr von den Wänden widerhallen, die verschwunden und damit in Vergessenheit geraten sind, gesichtslos, namenlos. Das, was ich hier sehe, auf den Plätzen, Straßen, Kirchen, Museen, Märkten, ist künstlich - gefärbt, gefiltert und geschickt präsentiert. In dieser Stadt werde ich vorsichtig. Es fällt mir schwer, die Geschichten zu einer zusammenzusetzen, diese komplizierten Gewebe miteinander zu verknüpfen, denn zu viele Teile fehlen für das Gesamtbild.

Was uns an diesem Abend noch bleibt, während die Menschen langsam von den Straßen verschwinden, ist das Museo del Pisco. Wir stehen vor einer Bar, die sich als Museum verkleidet. Wir wollen endlich wissen, wie man Pisco Sour, das Nationalgetränk Perus, zubereitet. Und vor allem wollen wir es trinken, in jeder möglichen Variation.

Im schummrigen Hinterraum sitzen wir um einen Holztisch und heben die Gläser. Ignacio hat den Drink für uns zubereitet. Der Alkohol legt sich matt über meine Gedanken. Ignacio verkündet feierlich, dass selbst die Chilenen zugeben, dass der Pisco zuerst in Peru hergestellt wurde. Dennoch beanspruchen beide Länder das ausschließliche Recht für seine Herstellung. Ignacio gestikuliert wild, Paolo klopft ihm auf die Schulter, ich nicke empathisch. Ich will nicht mehr reflektieren, nur kurz pausieren, für eine Nacht. Heute sind wir Menschen in Cusco, mittendrin in diesem Chaos der Geschichten, also hebe ich das Glas und sage *¡salud!*.

Cusco bis Ollantaytambo

In den Dschungel

Wir verlassen Cusco an einem Sonntag und fahren erneut Richtung Regenwald. Ich bin erleichtert, dass wir wieder auf der Straße sind und sich die Weite vor uns öffnet. Als wir ein leeres Dorf passieren, blitzt uns das Leben erst auf einem Fußballfeld entgegen, das neben der Straße unterhalb eines Hangs liegt. Die gesamte Gemeinschaft hat sich hier versammelt, um bei einem Frauenfußballturnier zuzusehen. Obwohl wir nur wenige Kilometer von Cusco entfernt sind, scheint es, als seien wir seit langer Zeit die ersten Reisenden, die hier vorbeikommen.

Die Atmosphäre ist herzlich und gemütlich, der Duft verschiedener Speisen weht uns entgegen. Die Dorfbewohner sitzen verteilt um den Fußballplatz herum. Sie picknicken, stricken, füttern die Kinder ihrer Nachbarn, schauen dem leidenschaftlichen Spiel zu, applaudieren und spornen an. Mädchen und Jungen kuscheln sich in die Schöße ihrer Mütter, sie schlafen, träumen, sehen neugierig herüber. Mit ihren Trachten bilden die Menschen einen bunten, lachenden Teppich, der mein Auge überflutet. Es ist, als stünde ich vor einem riesigen Gemälde und wüsste nicht, wo ich als Erstes hinsehen sollte.

Der Ball fliegt hoch in die Luft und tobt über das Feld, die Frauen rennen in ihren schweren Faltenröcken unerschrocken hinterher. Ein Tor fällt, die Menge jubelt. Dann schreitet ein Mann mit Mikro auf den Rasenplatz und verkündet den Sieger dieses Spiels. Das Turnier wird zu Ehren der Frauen abgehalten, erklärt er. Er ist stolz auf seine Gemeinschaft, die die Frauen in den Fokus rückt, heute, am Muttertag.

Obwohl der Analphabetismus unter Frauen in Peru deutlich höher ist als unter Männern und familiäre Gewalt ein ernstes Problem darstellt, wirken die Spielerinnen auf dem Feld stark, robust, selbstbewusst und offen. Vielleicht macht der Fußball sie sogar zu besseren Kämpferinnen, denke ich und lasse meinen Blick erneut zu den anderen Frauen wandern, die sich dem Rollenbild entsprechend als fürsorgliche Mütter verhalten. Kurz frage ich mich, wo meine Mutter gerade ist, was sie macht, an diesem Tag, doch dann passiert etwas Unerwartetes. Obwohl wir erst seit Kurzem auf dem Rasenplatz sind, werden wir wie lang erwartete Ehrengäste behandelt.

Das Abschlussspiel beginnt in wenigen Minuten, nun geht es um den ersten Platz, und der Organisator fragt, ob ich den Anstoß geben kann. Ich soll zur Akteurin werden. Nervosität steigt in mir auf, die jähe Aufmerksamkeit macht mich zittrig. Der Mann mit dem Mikro geht erneut auf das Spielfeld und zieht mich sanft hinter sich her. Seine schwungvolle Rede lässt die Menschen begeistert klatschen. Natürlich flüstere ich in sein Ohr, dass ich kein Fußball spielen kann, dass ich Wanderschuhe anhabe, dass ich nicht weiß, was ich bei einem Anstoß beachten muss oder in welche Richtung ich den Ball schießen soll. Ich erwähne sogar, dass ich keine Mutter bin, mir keine Ehre gebührt, doch das alles interessiert ihn nicht. Ich bin eine Frau und das genügt. Das Symbol hinter dem Anstoß ist entscheidend, obwohl ich nicht so recht weiß, was meine Gegenwart an diesem Ort, heute und jetzt, eigentlich symbolisieren soll. Ich werde kurzerhand zur Freundin erklärt, werde integriert in das dörfliche Fußballspiel und freue mich über so viel Vertrauen und Freundlichkeit.

Der Pfiff ertönt, ich laufe auf den Ball zu, trete stümperhaft dagegen, und anstatt sich auf den Ball stürzen, denn schließlich ist es ja das Finale, rennen alle Frauen auf mich zu, um mich zu umarmen. Dieser Moment bleibt so besonders, weil er einer der seltenen unbeschwerten Augenblicke ist, in dem ich eine

plötzlich vertraute Herzlichkeit mit anderen Erwachsenen austausche. Die entstehende Körperlichkeit kannte ich in Peru bislang nur von Kindern, in die wir uns auf diesem Platz vielleicht wieder verwandeln. Es entsteht ein kultureller Austausch, eine spontane Völkerverständigung im Miniaturformat. Ich behalte den scheinbar banalen Moment in klarer Erinnerung und verstaue ihn sorgfältig in meinem Inneren.

Da wir uns für die Offenheit dieser Menschen bedanken wollen, gehen wir ein paar Schritte Richtung Dorf zurück, um die Mannschaften mit Soda und Snacks zu versorgen. Ich löse mich von der Gruppe, eine spontane Idee überfällt mich. Ich streife jetzt allein durch die kleine Straße, aus der wir gekommen sind. Die meisten Geschäfte sind geschlossen, doch ich suche nach einem bestimmten Schild, von dem ich weiß, dass es hier sein muss. Ich will meiner Mutter ein Geschenk bereiten, sie überraschen. Dann sehe ich einen Pfeil, einen Hinweis auf ein Satellitentelefon. Der Laden liegt im Schatten einer schmalen Gasse. Als ich eintrete, riecht es etwas modrig. Der Besitzer nickt mir zu. Ein Funken Heimweh, ein süßer Schmerz, überkommt mich, als ich die Nummer wähle.

Es wird das teuerste Gespräch meines Lebens. Die Sekunden werden zu einem imaginären Blumenstrauß. Jede einzelne ist so viel mehr wert, als ein Strauß es jemals sein könnte. Ich muss, ich will ihr fünf Worte sagen. Es klingelt. Das Tuten ertönt dumpf. Ich bin so weit entfernt, ich kann die Land- und Meeresmassen spüren, die zwischen mir und meiner Mutter liegen. Sie hebt ab. Mein Herz atmet erleichtert auf. »Mama?« – »Ja?« – »Mama, ich hab dich lieb!«

Sie ist überrascht, sie will wissen, ob es mir gut gehe, ob etwas passiert sei. Ich erinnere sie an den Muttertag und höre ein Lächeln in ihrer Stimme, die Freude über meinen Anruf. Und obwohl ich diese Worte schon oft ausgesprochen habe, ist es dieses Mal etwas Besonderes. Möglicherweise sind es das Satellitentelefon, die Mühe und die Anstrengung hinter dem Anruf, die den Worten mehr Bedeutung verleihen. Vielleicht spüren wir auch in den wenigen Sekunden unsere starke Verbundenheit, trotz der Distanz, die uns trennt.

Als ich zu den anderen zurückgehe, denke ich über die Macht von Symbolen nach. Sie können neuen Mut entstehen lassen, Hoffnung geben, innere Stärke verleihen. Und plötzlich verstehe ich, dass der Frauenfußball an diesem Tag nicht nur ein Spiel ist.

Der Dschungel liegt noch in weiter Ferne, als wir erneut anhalten. Die Sonne bricht zwischen den Wolken hervor und erleuchtet die Chullpas am Wegesrand. Still sitzen die Begräbnistürme auf einer Erhebung. Ihre kleine Gruppe schützt sie vor Einsamkeit. Sie sind schon lange hier, im Sonnenschein und im Schatten. Die hügelige Landschaft wird von Gräsern und Felsgestein überzogen. Der Wind peitscht die Wolken so schnell vor sich her, dass ihre dunklen Abbilder auf der Ebene tanzen und dem einsamen Landstrich eine schaurige Lebendigkeit verleihen.

Ich staune. Dieses Land scheint in einem ständigen April gefangen zu sein, es kann sich nicht entscheiden zwischen Hitze und Kälte. Der Wind im Schatten lässt mich frösteln. Abseits der Straße entdecke ich einen Weg, geschaffen aus einem Mosaik alter Steine, die trotz ihrer Verschachtelungen einen exakten Wegesrand bilden. Der Pfad führt Richtung Horizont. Ich würde am liebsten sofort aufbrechen, loswandern, hinein in die Landschaft, so verführerisch liegt dieser Weg vor mir. Ich will nur um die nächste Biegung schauen, will nur sehen, was hinter den

Hügeln liegt. Ich gehe einige Schritte. Fernweh packt mich, reißt mich mit, zieht mich in seinen Bann, den die Deutschen so melancholisch, so wehmütig, so sehnsuchtsvoll als Wanderlust beschreiben. Wanderlust ist ein Universalwort, ein Tausendsassa, ein Gefühl, das Sprachbarrieren überwindet. Es ist nicht länger deutsch, es ist in der Welt. *I got my signals crossed / It's overwhelming because / I'm all alone and I can't get back / Get back with my wanderlust,* kann ich R.E.M. singen hören.

Doch in einiger Entfernung stehen die beiden Geländewagen, die uns noch immer in den Dschungel bringen wollen. Ich muss umdrehen, muss meine Schritte zügeln, meine Wanderlust nehmen und sie noch ein wenig zurückhalten.

Im Augenwinkel sehe ich in einiger Entfernung einen Mann. Er hockt über dem Weg, in seiner rechten Hand hält er eine Spitzhacke. Ich gehe auf ihn zu und frage mich gleichzeitig, was er hier draußen vorhat, so weit entfernt von Siedlungen und Städten. Fröhlich blickt er auf, als er mich kommen sieht. Das dunkle Haar liegt ihm in der Stirn, zerzaust von den Böen. In seiner Linken hält er ein Büschel Gras. Er erzählt, dass es seine Aufgabe sei, diesen Pfad zu säubern, ihn zu bewahren vor der Rückeroberung durch die Natur. Der Weg sei ein Teil des riesigen Straßennetzes, des gepflasterten Nervensystems des Imperiums, das die Inkas auf mehr als dreißigtausend Kilometern errichtet hatten. Dabei zeigt er zwischen gelben und weißen Blüten auf die Hügel, die sich vor uns aufbauen. Als sei der Pfad seine Berufung, nennt sich der Mann Camino, der Weg. Er ist mit fünf weiteren Männern für den Erhalt von unglaublichen tausend Kilometern verantwortlich. Es ist also ein Stück des Inkapfades, auf das ich hier gestoßen bin. Er verbindet die Länder von Süden nach Norden, er verbindet Meere mit Regenwäldern, er überwindet eisige Höhen, reißende Ströme und karge Wüsten. Er führt vorbei an den Relikten verschiedener Kulturen und verwebt die vergangenen Zeiten, die die Menschen am Wegesrand durchlebten.

Ich verstehe, warum sich der Mann seinen Namen gegeben hat. Er darf wandern, muss sich niemals zügeln, kann immerzu in die Landschaft blicken. Auch er ist immer hier, im Sonnenschein und im Schatten.

Wir passieren Paucartambo, eine kleine Stadt am Fluss Mapacho, die in der Nähe des grünen Tieflandes liegt. Wir sind allein auf der Straße, als sich unerwartet ein Abgrund vor uns auftut. Natürlich weiß ich, dass Erdrutsche in diesem Land zum Alltag gehören. Doch es ist verblüffend, davor zu stehen, die Risse in der Straße zu sehen, als habe eine höhere Macht sie auseinandergezerrt und nicht bloß der stete Regen. Fasziniert steigen wir aus. Wir betrachten die Zerstörung aus allen Blickwinkeln, klettern Berghänge hoch, suchen nach einer Möglichkeit, den Erdrutsch zu umfahren, und entschließen uns letztlich doch, nach Paucartambo zurückzukehren, um einen neuen Weg nach Pillcopata zu suchen. Es dämmert schon, als wir eine alternative Route gefunden haben. Das Licht ist jetzt künstlich. Die Scheinwerfer des Autos strahlen die tiefen Furchen des Matsches an, der einst feste Straße war. Wir durchqueren in den Fels gehauene, rohe Tunnel, kleine Wasserfälle und wildes Dickicht. Es wird noch einige Stunden dauern, bevor die Geräusche des Dschungels kommen und wir das Nachtlager erreichen.

Ich erwache in einer Holzhütte inmitten des Dschungels von Pillcopata. Der Regen prasselt seit Stunden auf das Dach, Rinnsale sammeln sich und fließen hinab auf den morastigen Boden. Das Geräusch beruhigt mich. Wenn es regnet, wird die Welt ein wenig langsamer, selbst hier im Wald. Ein leichter Luftzug durchdringt die schwüle Luft. Ein Papagei ruft in der Nähe, kleine Äffchen bringen das Blattwerk zum Rascheln, eine Spinne harrt im Netz aus. Sie wartet auf die Insekten, die vor dem Regen flüchten und sich in ihren Fäden verfangen. Vor der Hütte wächst ein kleiner Bambuswald. Ich ziehe meine Schuhe aus, Wasser umspült meine Füße, alles ist nass, ich blicke in den verhangenen Himmel, der Bambus ragt hoch über mir auf und lässt die Tropfen warm auf mein Gesicht fallen.

Wir setzen unseren Weg fort. Die Straße ist zu einem ockerroten Bach geworden. Es wird schwieriger, die Schlammpisten einzuschätzen, die tiefer in das Amazonasgebiet führen. Nur eine Straße führt nach Shintuya – zum letzten Ort im Dschungel, den man mit dem Auto erreichen kann, bevor es zu Fuß oder mit dem Boot weitergeht. Vor uns erstreckt sich der schwer zugängliche Manu-Nationalpark. Er gehört zum Weltnaturerbe und weist große biologische Vielfalt auf. Über achtzig Prozent des Gebietes dürfen nicht von Menschen betreten werden. Lediglich einige indigene Völker, die keinen Kontakt zur Außenwelt wünschen, sind davon ausgenommen. Sie wissen, wie sie sich in diesem menschenfeindlichen Gebiet fortbewegen müssen.

Nachdem 1533 der Inkaherrscher Antahualpa vom spanischen Konquistadoren Pizarro hingerichtet worden war, verschluckte die Historie das Imperium der Inkas. Die letzten verbliebenen mächtigen Inkas entkamen in die Bergfestung Vilcabamba, die beinahe vierzig Jahre lang nicht von den Spaniern eingenommen werden konnte. Als die Spanier die Festung schließlich 1572 eroberten, waren die Bewohner Vilcabambas mit ihren reichen Besitztümern in eine geheime Dschungelstadt geflohen. Der Mythos um den verlorenen Ort war geboren und liegt vielleicht hinter den Lianen versteckt, die nun vor uns den Dschungel so undurchdringlich wirken lassen.

Erst 2001 wurde die Legende erneut angefacht, als man in den Archiven der Jesuiten in Rom ein Schriftstück des Missionars Andrea Lopez aus dem Jahr 1600 entdeckte, in dem dieser dem Papst mitteilte, dass es eine Stadt inmitten des Urwaldes geben solle, in der unzählige Edelsteine, Gold- und Silberstücke verwahrt würden. Sie liege an einem Wasserfall und werde Paititi genannt. Wir befinden uns nun auf den Spuren vergangener Expeditionen, die ihre Suche auf dieser Straße starteten und in ein Gebiet aufbrachen, in dem noch heute Flüsse und Regenwald herrschen.

Langsam rollen die Wagen im Regen vorwärts. Allmählich öffnet sich der Wald, das Licht nährt hier auch die Pflanzen am Boden, das Buschwerk. Dann fällt unser Blick auf einen reißenden Strom, der uns den Weg versperrt und die Straße unter sich begräbt. Der Alto Madre de Dios ist über das Ufer getreten und spült alles mit sich fort, was sich in seinen Weg stellt. Wir können nicht weiter, der Wald hat entschieden. Trotzig suche ich zwei Wanderstöcke am Wegesrand, setze meinen Hut auf, hänge meinen Poncho um und wate barfuß in den Fluss hinein. Ich will wissen, wie tief er wirklich ist, ob es ein Durchkommen gibt, ob wir tatsächlich keine Wahl haben. Ich schaffe es bis zur Mitte, kleine Strudel und Schnellen tauchen vor mir auf. Die Strömung erreicht jetzt meine Knie, ich spüre ihre Macht, ihre Kraft. Ich unterdrücke heranfliegende Panik. Der Untergrund ist ungewiss,

größere Felsbrocken liegen verborgen unter der Wasseroberfläche. Es ist schwer, das Gleichgewicht zu halten, den Weg abzuschätzen. Natürlich ist mein Versuch sinnlos, ich kann weder etwas über den Zustand des Flussbettes sagen noch beurteilen, ob die Geländewagen es schaffen können. Doch ich musste losgehen, aktiv werden, um nicht herumzusitzen.

Wir wagen schließlich einen Versuch mit einem der Autos. Wenn die Achse bricht, haben wir immerhin noch das andere, nur für den Notfall. Vorsichtig fährt Stac in die Wassermassen hinein. Er ersetzt nun Simone als Fahrer. Die Fahrer können das Team lediglich einen Monat begleiten – zu anstrengend ist die Arbeit, die ihnen abverlangt wird. Sie können sich selten tagsüber ausruhen und müssen sich auf die permanenten Gefahren konzentrieren. Stac hält jetzt an, wir haben etwa ein Drittel des Flusses durchfahren. Er schüttelt den Kopf, vor uns ist eine Stromschnelle. Unsere Chancen, unbeschädigt das andere Ufer zu erreichen, schwinden erheblich. Wir geben auf.

Auf einer Lichtung stehen ein paar Hütten mit Strohdächern. Um sie herum hat sich die Natur wieder zu einer Einheit verdichtet. Wir halten auf einer Anhöhe und sehen auf das Dörfchen hinab, das sich vor den Augen der Welt versteckt hält. Es hat aufgehört zu regnen, über dem Dschungel liegt die Stille des Mittags.

Unsere Route hat sich wegen der überfluteten Straße geändert, wir hoffen auf die Gastfreundschaft der Wachiperi, eines kriegerischen Volkes, das seit einem Jahrtausend im Dschungel lebt. Der Kontakt mit der Außenwelt war für sie oft verhängnisvoll: Zur Zeit des Kautschuk-Booms, in den 1920er Jahren, wurden die Wachiperi wie viele indigene Völker des Amazonasgebietes versklavt, 1948 vernichtete eine Pockenepidemie, von

Fremden in ihr Reich gebracht, über die Hälfte der Bevölkerung. In den 1960ern wurden sie schließlich in zwei Gemeinschaften unterteilt und umgesiedelt. Eine der beiden, die Nativa Santa Rosa de Huacaria, liegt nun vor uns. Wir wissen noch nicht, ob wir willkommen sind.

Vorsichtig fahren wir auf den Dorfplatz, alles ist friedlich. Ein paar Jungen bolzen in der Mittagsglut. Zwei Frauen schlendern auf uns zu. Wir sind angespannt, doch sie grüßen freundlich und gestatten uns zu bleiben. Als sie uns in ihrem Dorf herumführen, ertönt aus einer großen, hellen Hütte kindliches Geschrei. Wir treten näher heran, schauen zaghaft durch die geöffnete Tür und sehen ein Dutzend Kinder zu Trommelmusik tanzen. Für ein bevorstehendes Fest üben sie einen traditionellen Wachiperi-Tanz. Tische und Stühle sind beiseite geschoben. In der Ecke steht ein Skelettmodell, selbstgebastelte Buchstabenplakate hängen an der hölzernen Wand. Durch die Fenster schimmern die Pflanzen, die sich an das Gebäude drängen. Wir sind in eine Schule für Erst- und Zweitklässler gestolpert. Wenn sie größer werden, gehen die Kinder für die Schulausbildung nach Pillcopata, erzählten uns die Frauen, Sofia und Herlinda.

Wir wandern nun auf einem kleinen Pfad, der von den Hütten weg und hinein in die sirrende, raschelnde Welt der Wachiperi führt. Eine Ameisenstraße kreuzt unseren Weg. Die fleißigen Arbeiterinnen balancieren zugeschnittene Blattstücke grazil zu dem Pilz im Innern ihres riesigen Baus. Er verstoffwechselt die ihm zugeführten Blattstücke und produziert dabei Zucker, den die Blattschneiderameisen als Nahrung benötigen.

Sofia und Herlinda zeigen uns die Obstbäume und Fischteiche, die abseits der Hütten angelegt wurden. Obwohl alles idyllisch wirkt, sollen vor zwei Jahren in dieser Gegend Touristen und Parkranger von einem anderen kriegerischen Volk angegriffen worden sein. Die Hintergründe dieser Geschichte sind jedoch unklar.

Ich bekomme den Eindruck, dass die Wachiperi in einer seltsamen Schwebe zwischen Fortschritt und Tradition leben. Sie erklären uns die Bauweise ihrer Häuser, die nur fünfzehn Jahre halten, wie sie die Knolle des Manioks zubereiten, Alkohol herstellen und der Kunst und dem Handwerk ihres Volkes nachgehen. Manche Wachiperi tragen traditionelle Cushmas, andere städtische Kleidung. Sofia weist uns auf ihr neues Wasseraufbereitungssystem hin, dank dem Krankheiten erheblich zurückgegangen sind. Seit zwei Jahren gibt es auch Strom. Die Dorfbewohner glauben nicht an Isolation. Wenn die Kinder ihre Familien verlassen, um eine bessere Schulbildung zu erhalten, sind die Eltern natürlich traurig, aber sie wünschen sich ein erweitertes, tieferes Wissen für ihre Nachkommen. Sie versuchen, die Identität ihrer Kultur zu bewahren und sie mit dem Fortschritt, diesem seltsamen, abgegriffenen Wort des letzten Jahrhunderts, zusammenzubringen. Fortschritt ist ein Konstrukt in den Köpfen der Menschen, das sich nicht so leicht mit der Lebensweise indigener Völker in Einklang bringen lässt.

Die Wachiperi entscheiden selbst, welche Traditionen sie bewahren, welche sie verändern möchten und wie ihre Welt zukünftig aussehen soll. Das Erhalten ihrer Identität bedeutet nicht immer Stillstand. Neue Lebensweisen und Veränderungen in ihrer Lebenswelt werden mit Althergebrachtem vereint, sie suchen nach einer Lösung, wie sie weder ihre Tradition noch den Fortschritt aufgeben müssen. Sie wollen ihr Territorium nicht mehr mit Pfeilen, sondern politisch, ökonomisch und sozial verteidigen.

Die Wachiperi haben ihre Sprache in einem Wörterbuch festgehalten, sie kämpfen gegen ihr eigenes Verschwinden an. Das Überleben ihrer Gemeinschaft liegt in den Händen der jungen Menschen, erzählt Sofia, während wir in einer Hütte gemeinsam essen. Auf dem Hauptplatz haben sich die Kinder des Dorfes versammelt. Er wirkt wie ein riesiger Schulhof, ich beobachte verschiedene Spiele und stelle mir vor, wie die Kindheit hier aussehen mag, welche Erinnerungen die Kinder behalten, wenn sie nach Pillcopata gehen oder in noch größere Städte. Und ich glaube, dass die Erinnerungen an die Abendstunden besonders schön sein müssen, wenn die Sonne und ihr Licht milder werden. Dann fliegt der Fußball mit einem Mal höher, das Klettern auf dem Torgerüst wird einfacher und das Spielen wilder und fröhlicher.

Als wir in der Dämmerung abfahren, winken die beiden Frauen uns nach. Sie werden schon nach wenigen Metern wieder vom Grün verschluckt. Jetzt müssen wir noch eine Unterkunft für die Nacht finden.

Ich öffne die Augen. Alles ist schwarz. In diesen Tagen weiß ich nicht immer sofort, wo ich mich befinde. Mein Körper reist schneller als mein Geist. Ich schaue auf die Uhr und erinnere mich. Es ist zwanzig vor drei, tiefste Nacht im peruanischen Regenwald. Obwohl ich mit den anderen in einem Schlafsaal schlafe, ist es um mich herum ruhig. Absolute Erschöpfung hat uns befallen. Dann klingelt ein Wecker, jemand macht eine Stirnlampe an. Ich drehe mich um. Ein zweiter Wecker klingelt. Uns bleiben zehn Minuten zum Zähneputzen. Für das Auspacken hatte ich vor wenigen Stunden, als wir die Herberge endlich fanden, keine Zeit.

Ich schleppe mich zum Auto, die Nacht riecht gut im Dschungel. Wir rumpeln mit den Wagen über eine unbefestigte Straße. In drei Stunden geht die Sonne auf. In der Dunkelheit schleicht sie sich heimlich von Westen nach Osten. Paolo reicht mir einen widerlichen Kaffeeschnaps. Ich trinke einen kleinen Schluck, die Flasche geht von Hand zu Hand. Das Gefühl des gemeinsamen Leidens hat etwas Romantisches auf Reisen.

Die Straße führt in engen Windungen bergauf. Noch ist kein Morgen in Sicht. Vor uns blitzt etwas Silbernes im Scheinwerferlicht auf. Wir halten an und steigen aus. An zwei Pollern hängt eine schwere Metallkette und versperrt den Weg. Ich merke, wie der Trotz der vergangenen Tage in mir aufsteigt. In kurzer Zeit haben wir viele verschiedene Hindernisse erlebt – von Menschenhand erbaute, reißende Flüsse, abgebrochene Straßen. Ich finde, es reicht jetzt! Wir sind uns einig, wir brauchen eine Lösung. Selbst Christobal, der sonst über ausführliche Erklärungen für die Geschehnisse in seinem Land verfügt, weiß nicht, warum uns mitten im Urwald auf einer winzigen, unbefahrenen, schottrigen Piste eine Metallkette an der Weiterfahrt hindert; warum eine absurde Metallkette uns davon abhalten soll, den Sonnenaufgang über dem Dschungel zu erleben. Ich sage Paolo, dass es ein guter Zeitpunkt sei, den Kaffeeschnaps erneut kreisen zu lassen.

Stac zieht unter der Plane seines Wagens eine große Schaufel hervor und schlägt gezielt auf die Befestigung der Kette ein. Nichts passiert. Wir finden eine Zange und werkeln herum. Die Kette bleibt heil. Ich untersuche die Umgebung. Neben einem der Pfeiler ist ein Abgrund, neben dem anderen ragt der Berg auf. Sein Gipfel ist unser Ziel. Hier stehen wir nun, wenige Stunden vor dem ersten Licht des Tages, und kommen nicht weiter. Als der Kaffeeschnaps bei mir ankommt, fällt es mir ein: Wir graben einfach den ganzen Poller aus! Nach zwanzig Minuten fahren wir triumphierend unseres Weges. Ein Loch in der Straße zeigt den Punkt an, an dem wir die Absperrung später wieder errichten werden.

Wir fahren den wenigen Sternen entgegen, die zu dieser frühen Stunde noch hell leuchten. Wir fahren, bis die Pflanzen über unseren Köpfen verschwinden, immer kleiner werden und schließlich fast ganz ausbleiben. Wir fahren, bis es nicht mehr weitergeht, bis die Silhouette einer kleinen Hütte uns verrät, dass wir ihn endlich erreicht haben, den Mirador de Tres Cruces.

Ich öffne die Autotür, ein frostiger Wind schlägt mir entgegen. Wir sind wieder auf fast viertausend Höhenmetern. Ich wickele das Tuch fester um meinen Hals, mache die Regenjacke zu und verschränke die Arme vor der Brust, bevor ich die ersten Schritte auf dem kleinen Plateau gehe. Links von mir erkenne ich die dunkle Kontur eines Riesen, es muss der Apuqañaqway sein. Es heißt, dieser Berg beschützt den Teil des alten Inkareiches, der Anti Suyu genannt wurde.

Vor mir fällt die Ebene zunächst leicht, dann steiler ab. Ich bleibe nur wenige Meter vom Auto entfernt stehen und blicke zwischen zwei Wolkenschichten auf den Horizont. Ein feines Rubinrot teilt schimmernd den Himmel von der Erde. Das Farbenspiel beginnt.

Ich stehe auf dem letzten Berg, bevor die unermessliche Weite des Amazonasregenwaldes beginnt. Die Wölkchen über mir sind zart und weich, sie sind transparent und fein gemustert. Sie werden vom Wind verwischt, als sei ein Tropfen Wasser auf Aquarellfarbe gefallen. Die Schwaden unter mir liegen schwer auf dem Manu-Nationalpark. Sie sind dicht und massig, nichts kann hindurchdringen. Die Wolkenarmada bauscht sich auf, fällt wieder zusammen, nimmt Schwung auf und hält inne. Sie hat ihre eigene Dynamik entwickelt und wabert in verschiedenen Richtungen über die weite Ebene. Nur der Berg mit seiner Hütte hat es in diese Zwischenwelt der Wolken geschafft, und wir. Ich stelle mir vor, dass unter den Schwaden vielleicht die geheime Stadt Paititi liegt. Verloren, nicht vergessen, und von den Wolken verschlungen, Morgen für Morgen.

Noch gehören alle Farben dem Himmel. Das Gras unter meinen Füßen ist grau, meine Hand ist grau, die Erde ist grau. Die prächtigsten Blau- und Rottöne glühen am Firmament. Die schillernden Wolken sind in ständiger Bewegung, sie spüren schon die Sonne. Wie zerbrechliche Skulpturen verändern sie ihre Formen, spielen mit Licht und Schatten. Es ist ihre Bühne, ihr Stück. Doch nicht mehr lange. Denn sobald die Sonne aufgegangen ist, lassen sie die Farben auf die Erde hinabregnen. Dann können sie sich nur noch durch Kontraste, durch Schwarz und Weiß, ausdrücken.

Obwohl Stefano längst die Kamera aufgestellt hat und alle anderen gemütlich im Auto weiterschlafen könnten, will sich keiner dem Sonnenaufgang entziehen. Es ist seltsam, dass ein Phänomen, das jeden Tag wiederkehrt, solch eine Faszination auf die Menschen ausübt. Wir sind stumme Bewunderer dieser Aufführung. Es kann nicht mehr lange dauern, bis der erste Lichtstrahl über den Horizont klettert. Es heißt, Tres Cruces sei einer von weltweit drei Orten, an dem der Sonnenaufgang eine optische Täuschung entstehen lässt. Wenn das Licht der Sonne durch die wassergetränkte Luft fällt, wird ihr Bild verzerrt und auf drei Stellen projiziert, die hin und her flackern. Der Legende nach tanzt an diesem Ort die Sonne, weil die Menschen ihre

Seelen hier säubern. Die Lichtstrahlen nehmen den menschlichen Hass, die Wut, den Schmerz in sich auf und hinterlassen Liebe und Frieden.

Die Farben des Himmels werden jetzt heller und aggressiver. Das Rubinrot wird von einem Blutorange abgelöst. Unsere kleine Gemeinschaft hat sich inzwischen an der Hütte versammelt, sie schützt ein wenig vor dem Wind im Rücken. Stumm warten wir gemeinsam auf das Licht, das die Farben formt.

Während ich zitternd harre und staune, frage ich mich, ob die Betrachtung eines Sonnenaufgangs vielleicht deshalb so anziehend ist, weil die Legende keine Legende, sondern eine Beobachtung ist. Manche Dinge haben immer dieselbe Wirkung auf den Menschen. Eine traurige Melodie stimmt nachdenklich, ein Kinderlachen fröhlich. Vielleicht bewirkt die Verzauberung durch den Sonnenaufgang tatsächlich, dass sich Menschen leichter, hoffnungsvoller, friedvoller fühlen. Ich tue es zumindest. Und vielleicht ist die Existenz so vieler unterschiedlicher Sonnengötter in der Welt sogar auf dieses menschliche Empfinden zurückzuführen? Die Sonne erschafft Leben, sie erwärmt den Körper und damit die Seele. Das Gefühl, das sie beim Menschen erzeugt, ist universell. Wie kann der Beginn eines neuen Tages keine Freiheit, keinen Frieden, keine Hoffnung versprechen?

Als sich die Sonne über den Horizont schiebt, blicke ich neben mich. Die Gesichter meiner Gefährten werden vom roten Schein erleuchtet. Ich drehe mich kurz von der Sonne weg und beobachte die Schatten, die unsere Körper an die Wand der Hütte werfen. Auch sie machen mich glücklich. Das Licht ist jetzt da. Die Sonne steigt langsam in den Morgenhimmel. Dann sehe ich die Farben fallen. Und die Welt ist wieder bunt.

Zwischen Cusco und Ollantaytambo steht am Rande einer Straße ein einsames Haus. Riesige Felsblöcke, geschliffene Steine, Figuren, Skulpturen und Steinplatten liegen davor verteilt. Zwei kleine Katzen streunen umher. Wir wollen mit Luis Sallo Champi über seine Arbeit sprechen. Er verleiht den Steinen Tag für Tag die richtige Form, ganz langsam. Unter seinem Pulli trägt er ein weißes Hemd mit gestärktem Kragen, sein Panamahut ist mit einem feinen Band verziert. Er steht leicht gebeugt vor einem mannshohen Steinblock und meißelt selbstsicher am Mund eines Inkagesichtes. Er wirkt wie ein alter Gentleman, wie ein Künstler, der trotz der Einsamkeit dieses Ortes seine Eleganz bewahren will.

Wir dürfen uns frei auf seinem Grundstück bewegen, ihm Fragen stellen und ihn bei der Arbeit beobachten. Er ist spezialisiert auf die Bildhauertechnik der Inka. Obwohl ihm modernes Werkzeug zur Verfügung steht, benutzt er einen Meißel aus altem Meteoritenstein für seine Stücke im Inkastil.

»Wie schafften es die Inkas, ihre Steine derart präzise zu behauen?« Eine Frage, die in diesem Inkaland gestellt werden muss und die nur ein Bildhauer beantworten kann. Seine Antwort überrascht mich. Luis sagt: »Die Inkas hatten keinen Druck. Sie hatten alle Zeit der Welt, um zu arbeiten. Arbeit war keine Bürde, es war wie ein Sport, ein Privileg, etwas, was einem Freude bereitet. Arbeit war eine Zeremonie.« Es ist die denkbar beste Antwort, doch sie stimmt mich nachdenklich. Luis selbst hat sich entschieden, die Arbeit mit den Augen der Inkas zu betrachten. Es macht ihm Spaß, langsam zu arbeiten, um ein hervorragendes Ergebnis zu erzielen. Er arbeitet im Freien. Von seinem Haus aus sehe ich einen schneebedeckten Gipfel, seine Frau kommt und bringt Tee. Im Garten hängen Wäscheleinen

zwischen den Steinen, ein paar Hühner laufen umher, zwei Schafe sind an einen Pflock gebunden.

Für mich ist es erstrebenswert, die Arbeit so zu begreifen, wie Luis sie beschreibt. Doch in meiner Welt gibt es eine Work-Life-Balance. Dort ist die Arbeit in der einen, das Leben in der anderen Waagschale. Arbeit und Leben, das schließt sich aus. Erfolg wird zu selten an Glück, zu oft an Geld gemessen. Und Geld wird meist durch Stress und Druck verdient. Meine Welt hat keine Zeit im Überfluss, und mir wird bewusst, dass das Empfinden von Zeitlosigkeit einer der großen Beweggründe für mich ist, ziellos umherzureisen.

Als wir Luis verlassen, ist er schon wieder in seine Arbeit vertieft. Die Sonne begleitet uns auf dem Weg nach Ollantaytambo. Sie strahlt die rotgoldenen Felder an, die vor der weiß glitzernden Bergkette des Urubamba-Gebirges liegen. Hirten treiben Schafe, Kühe und Esel auf der Straße entlang. Wir bleiben stehen und warten, bis sich die Herde teilt und wir langsam hindurchfahren können. Die Hirten grüßen mit ihrem Stab in der Hand.

Bevor die Dämmerung hereinbricht, halten wir auf einer Panoramastraße an. Von hier aus kann ich in ein Tal blicken, das von grasbewachsenen Bergen umgeben ist. Ein Fluss, der Urubamba, fließt mäanderförmig hindurch. Vor mir liegt das heilige Tal der Inka, das Valle Sagrado, das sich von Pisac bis Ollantaytambo erstreckt. Es ist das landwirtschaftlich bedeutendste Hochtal der Inkas. Später werde ich den Urubamba wiedersehen, wenn wir zur Ruinenstadt Machu Picchu gelangen.

Auf steilen Gebirgsterrassen leuchten mir Hunderte weiße Punkte entgegen. Es sind Salzminen, die Salineras de Maras. Wie kleine Seen, die von Adern zusammengehalten werden, liegen die Salzbecken eingebettet im Steilhang. Die Salineras sollen auf etwa 3380 Meter Höhe die höchste Salzfarm der Welt sein.

Wenig später betrete ich diese geordnete, weiß-bräunliche Welt der Salzbauern. Im Dämmerlicht funkeln die Salineras wie ein Kaleidoskop. Je nach Blickwinkel verändern sie ihre Formen und Farben. Am Rande der Salzbecken fließt in ausgeklügelten Kanalsystemen das salzhaltige Wasser entlang. Es stammt aus einer natürlichen Quelle weiter oben im Bergmassiv. Seit etwa tausend Jahren nutzen die Menschen diese Ressource.

Während ich durch die Felder gehe, sehe ich unzählige Schichten Salz, die sich an den Kanälen gebildet haben und wie winzige Eisbäche aussehen. In der Ferne stampft ein Bauer zu dieser späten Stunde noch barfuß im Schlamm seines Salzbeckens herum. Er stellt sich als José vor und erklärt, dass alle fünfzig Jahre die Salzfelder neu angelegt werden müssen. Dafür kommt er einen Monat lang jeden dritten Tag vorbei, um die Grundschicht für sein Becken festzutreten. Der Matsch ist zäh. Obwohl es allmählich dunkel wird, erkenne ich die Schweißtropfen auf Josés Stirn. Die Bauer bewirtschaften ihre Felder oft von Sonnenauf- bis Sonnenuntergang an sieben Tagen in der Woche. Ein Feld kann bis zu fünfhundert Kilogramm Salz im Monat eintragen, doch der Verdienst ist sehr gering.

Arbeit ist ein dehnbarer Begriff, der auf so vielfältige Weise den eigenen Lebensunterhalt sicherstellen soll. Es ist traurig, wenn die größte Anstrengung, das höchste Maß an Arbeit, doch nicht dazu beiträgt, unbekümmert leben zu können. Die Salzbauern haben sich zu einem Kollektiv zusammengeschlossen, um zukünftig bessere Preise für ihr Salz zu erzielen.

José hat den Sonnenuntergang verpasst. Es kümmert ihn nicht, er stapft noch immer auf seinem Feld herum. »Ich gehe

auch bald«, ruft er uns heiter zu, nachdem wir uns verabschiedet haben.

Es ist Nacht geworden. Wir fahren hinein in die Stadt Ollantaytambo und halten an einer Chicheria. Hier versammeln sich die Menschen an Feiertagen oder nach getaner Arbeit. Der Ort wirkt urig, es ist keine gewöhnliche Bar, in der gewöhnliches Bier konsumiert wird. Chicha ist ein Traditionsgetränk, ein alkoholhaltiges Maisbier. Der Brauprozess ist ein Ritual, das von nur wenigen Frauen ausgeführt wird. Sie sind bekannt als Jungfrauen der Sonne.

Ich betrete einen Raum, eine Küche, in der Mercedes, eine der Jungfrauen, in einem großen Kessel das Maisbier umrührt. Unter dem Kessel lodert ein Feuer, die Wände sind schwarz vom Ruß. Auf Holzbrettern stehen diverse Tonkrüge und Vasen, Kannen, verschiedene Figuren, die Schutz bringen sollen, und jede Menge Gläser.

Mercedes nimmt ein riesiges Glas vom Regal und sucht einen ausgekühlten Kessel aus, in dem die Chicha aufgrund der Zugabe von wilden Erdbeeren leicht violett gefärbt ist. Sie lässt das Bier geräuschvoll einlaufen, es bildet sich eine Schaumkrone. Feierlich überreicht sie es mir. Sie tunkt die Finger in mein Glas und schnippt den Schaum in verschiedene Richtungen davon. Ich mache es ihr nach. Dann führt sie das Glas in meiner Hand in eine Schräglage, sodass ein wenig von der Flüssigkeit auf den Boden plätschert. »Für Pachamama«, sagt sie mit einem Augenzwinkern und nickt mir mit einer auffordernden Geste zu. Ich muss das Glas mit beiden Händen halten, so groß ist es. Als ich nun trinke, versuche ich, dabei nicht das Gesicht zu verziehen. Mercedes lacht wohlwollend. Der Geschmack ist gewöhnungsbedürftig. Pachamama bekommt heute größere Mengen Chicha.

An diesem Abend ist die Chicheria fast leer. Es ist ein Ort, der von der Arbeit ablenken soll. Ich denke über José und Luis nach und stelle fest, dass man sich Zeit leisten können muss. Beide arbeiten den ganzen Tag. Doch José arbeitet, damit er überhaupt irgendwie weiterleben kann. Wenn der Tag mehr Zeit bereitstellen würde, würde er sie wahrscheinlich für Arbeit nutzen. Es ist nicht immer unsere Entscheidung, wie wir Arbeit wahrnehmen. Das System der Inkas, von dem es heißt, dass es das Wohl der Gemeinschaft höher schätzte als Geld und sogar für Menschen aufkam, die nicht arbeiten konnten, erscheint mir nun, Hunderte Jahre später, sehr verlockend. Die Idee ist schön; wie die Realität aussah, weiß ich nicht.

Machu Picchu
Menschenmüde

Der Sehnsuchtsort Machu Picchu ist für die Menschheit erreichbar geworden. 2007 wurde die Ruinenstadt im Rahmen einer Privatinitiative von etwa siebzig Millionen Menschen zu einem der neuen sieben Weltwunder erklärt. Jeden Tag kommen etwa zweitausendfünfhundert Menschen hierher.

Der Traum vom Abenteuer in den Anden kann auf dem Berg Machu Picchu für einen kurzen Augenblick wahr werden, wenn der Betrachter, vor der Ruine stehend, die Augen schließt und die Gedanken zur Expedition Hiram Binghams schweifen lässt, die 1911 Machu Picchu wiederentdeckte. Die Tatsache, dass Machu Picchu damals bei der Bevölkerung des Urubambatals schon lange bekannt war, wird gern vergessen. Dass Bingham bei der Freilegung der Stadt Gold und Grabbeigaben in die USA schaffte, ebenfalls. Es dauerte fast hundert Jahre, bis die USA den gestohlenen Schatz dem rechtmäßigen Besitzer Peru aushändigten.

Für ein paar hundert Dollar kann der Besucher in einem Luxuszug namens Belmond Hiram Bingham von Cusco nach Aguas Calientes fahren – Binghams Image scheint nicht gelitten zu haben. Entdeckergeschichten sind oft schön und hässlich zugleich, die Taten der Entdecker heldenhaft und niederträchtig. Doch viel zu häufig wird nur die prächtige Seite beleuchtet, die Schandtaten werden mit den Umständen der Zeit entschuldigt.

Als ich nun selbst vor der atemberaubenden Kulisse der alten Inkaruine stehe, spüre ich für einen Wimpernschlag die Erhabenheit dieser Stätte, die auf einem Kamm inmitten der tropengrünen Bergwelt thront. Der Nebel lässt die Terrassenformen und Steinmauern vor dem Huanya Picchu schemenhaft durchscheinen. Es ist, als schaue ich hinüber, auf die Erinnerungen an eine andere Welt. Doch die romantische Stimmung hält nicht an. Menschenmassen drängen sich an mir vorbei. Sie entmystifizieren den Ort. Ich entmystifiziere den Ort. Wie schon in Cusco bin ich verwundert über all die fremden Menschen, die sich in einem riesigen Land aufhalten und doch nur an wenigen Orten versammeln. Es scheint mir jetzt, als kämen sie für diesen einen Zweck nach Peru, Machu Picchu, menschengemachtes Weltwunder.

Die Besichtigung Machu Picchus ist wie ein Museumsbesuch. Manchmal blitzt die Vergangenheit hervor, wenn ich meinen Kopf am Rande der Ruine durch ein Steinfenster recke, die plötzliche Kühle in den Ohren säuselt und ich die Wildheit der Landschaft einfange. Doch zu oft bleiben die Empfindungen, die bei der Betrachtung der Ruine hervorgerufen werden könnten, unter der Menschenschicht, die sich hier eingefunden hat, verborgen. Hier wird Historie gelernt, mit dem Kopf und nicht mit den Sinnen.

Die Geschichte, die wir bei dem berühmten Sonnenstein Intihuatana vernehmen, dem Zentrum der religiösen Zeremonien, verhöhnt die Moderne des 21. Jahrhunderts. Eine peruanische Agentur drehte hier vor einigen Jahren einen Werbefilm für das aus der Region stammende Cusqueña-Bier. Der Greifarm eines Kamerakrans fiel über dem Sonnenstein herunter und brach ein Stück des Granits heraus. Diese Beschädigung des Inka-Heiligtums verursachte einen Aufschrei in der Öffentlichkeit. Ein Angestellter der Werbeagentur wurde zur Verantwortung gezogen und außergewöhnlich hart zu einer sechsjährigen Gefängnisstrafe verurteilt. Erst lache ich über dieses skurrile Ereignis, dann denke ich an das Schicksal des Mannes, der im Gefängnis saß, an die Folgen, die es für seine Familie hatte, in einem Land, in dem jede Chance genutzt werden muss.

Menschenmüde verlassen wir nach wenigen Stunden die Ruine. Unser Busfahrer Juan bringt uns nach Aguas Calientes.

Ich frage ihn, ob er sich die Ruinen schon einmal angesehen habe. Er verneint schulterzuckend, das sei viel zu teuer. Ich werde in den kommenden Tagen noch einige Menschen fragen, ob sie Machu Picchu, das Wunder vor ihrer Haustür, jemals besichtigt hätten, und erhalte in den meisten Fällen die gleiche Antwort.

In Aguas Calientes suchen wir nach etwas Abgeschiedenheit und entscheiden uns für einen Fußmarsch entlang der Bahnschienen zum Wasserkraftwerk Hidroeléctrica. Es ist erholsam, die Steilwände im Nebel aufragen und das Grün im Regen glänzen zu sehen. Die Luft ist erfrischend, zwanglose Gespräche keimen auf, Wasserfälle säumen den Weg, und ich spüre das Gewicht des Rucksacks auf den Schultern. Die Schienen zeigen uns den Weg, nur selten kommt ein Zug aus der dichten Vegetation heraus, um uns zu versichern, wir sind nicht allein.

Wir passieren einige Brücken, die über kleinere und größere Nebenarme des Urubamba-Flusses verlaufen. Ich sehe die schäumende Gischt zwischen den Lücken der Bahnschienen. Nacheinander balancieren wir zur anderen Seite des Ufers. Die Tour ist befreiend, die Sinne werden nicht mehr eingeengt, Daten und Fakten bleiben auf dem Berg. Die Stille ist zurück, die Hektik vorbei.

Wir fahren erneut nach Ollantaytambo und verlieren das andere Auto im nächtlichen Nebel. Es muss eine falsche Abzweigung genommen haben. Wir hinterlassen Nachrichten am Wegesrand für unsere Gefährten und sind gerührt von der Hilfsbereitschaft, die uns die Einheimischen entgegenbringen.

Erst viel später treffen wir uns an einem Rasthaus wieder. Stefano erzählt, dass ein Mann ihr Auto extra angehalten habe,

um unsere Nachricht zu überbringen. Auch andere Menschen haben immer wieder auf sich aufmerksam gemacht, um dem verlorenen Wagen zu helfen. Wir finden es schade, dass wir ihnen nicht mehr danken können, und trinken ein Bier auf die Peruaner, Cusqueña natürlich.

Als wir am nächsten Tag aus Ollantaytambo hinauswollen, haben die Bewohner Straßensperren errichtet. Sie demonstrieren gegen das privatisierte Eisenbahnunternehmen, das die Touristen nach Aguas Calliente bringt. Kein Zug, kein Auto, kein Fahrrad kann sich hier mehr fortbewegen, es herrscht Stillstand, die Bevölkerung verschafft sich Gehör, und ein Tag voller Barrikaden beginnt.

Auf Baumstämmen sitzen Dutzende Menschen und halten Wache. Frauen mit Schildern laufen auf der Straße auf und ab, ihre Rufe klingen erbost. Auf dem Schild einer Jugendlichen steht: *»Basta de abusos yel Monopolio«*. Schluss mit dem Missbrauch des Monopols. Ein Fahrradfahrer versucht, sein Rad über den Baumstamm zu heben. Obwohl die Demonstranten friedlich sind, sagen sie ihm, sie würden sein Rad verbrennen, wenn er es noch einmal versucht. Also wartet er. Ich höre die Wut in ihrer Stimme, die Entschlossenheit hinter ihrem Protest.

Auf den Schienen, die durch Ollantaytambo hindurchführen und direkt neben der Straße verlaufen, sitzen Menschen. Sie haben schwere Steinbrocken und Baumstümpfe herbeigeschafft. Ein Zug rollt an und muss stoppen. Die Protestierenden klatschen enthusiastisch, es herrscht eine seltsame Atmosphäre zwischen Ärger und Begeisterung, geschaffen aus dem Gemeinschaftsgefühl. Ein Mann klettert an einem Bahnkreuz hoch und befestigt dort die peruanische Flagge. Ein Hauch Rebellion liegt in der Luft.

Ein Mann namens Alan Loayza brüllt in ein Megaphon. Er fordert Gerechtigkeit. Er ist der Kopf der Bewegung und erklärt uns, dass das Unternehmen versprochen hat, einen Teil der Einnahmen an die lokale Bevölkerung weiterzugeben, leere Worte eines Monopolgiganten. Stattdessen werden die Preise für eine Zugfahrt auch für die Einheimischen stetig teurer. Die Eisenbahngesellschaft hat die Vormachtstellung inne, jegliche Konkurrenz fehlt. Obwohl die Demonstranten dem Tourismus nicht schaden wollen, ist die Blockade der einzige Weg, dem Unternehmen aufzuzeigen, dass es die Interessen der Bevölkerung des Urubamba-Tals nicht missachten darf.

Das Problem existiert schon lange, protestiert wird oft. Tatsächlich soll die Zugstrecke zum Machu Picchu zu den teuersten Verbindungen weltweit gehören. Die Menschen auf dieser Straße sind die Verlierer des Tourismusbooms um die Inkaruine. Sie leiden unter den Preisen, die ein Weltwunder verlangen darf. Ich bin froh, dass Alan heute in eine Kamera sprechen darf. Er wird das italienische Fernsehen erreichen. Es wird nichts an seiner Situation ändern, aber seine Stimme wird dadurch ein wenig lauter.

Ayacucho

Der Leuchtende Pfad

Wir sind fast da, in Ayacucho. Lange gehörte die Provinz Ayacucho, Hochburg des Terrors, zu den ärmsten Regionen des Landes. Christobal schaut von seinem Lenkrad auf und blickt in den Rückspiegel. »In Ayacucho müsst ihr aufmerksam sein. Die Menschen reden nicht gern über ihre Vergangenheit. Sprecht sie lieber nicht darauf an.« Es ist die Warnung eines Peruaners. Wir nicken stumm. Ich schaue aus dem Fenster. Keine Fragen zu stellen, erscheint mir falsch. Wir sind hier, um Geschichten zu hören, Geschichten zu erzählen. Die dunkle Vergangenheit der Stadt ist noch ganz jung. 1980 begann ein bewaffneter Konflikt in der Region Ayacucho, der sich im Land ausbreitete und weit über zehn Jahre andauerte. Die Terrororganisation »Leuchtender Pfad« verfolgte das Ziel eines gewaltsamen Umsturzes der bestehenden Gesellschaftsordnung. Der bürgerkriegsähnliche Zustand kostete etwa siebzigtausend Menschen das Leben. Der Konflikt unterschied sich deshalb von anderen, weil sowohl die peruanische Regierung als auch der Leuchtende Pfad besonders brutal und rücksichtslos gegen die Zivilbevölkerung vorgingen. Erst zur Jahrtausendwende wurde eine Kommission für Wahrheit und Versöhnung gegründet, die die Grausamkeiten der verschiedenen Konfliktparteien aufklären soll.

Wir fahren zum Museo de la Memoria, ein blaues Eckhaus, dessen Wandgemälde erzählen, was auf den Straßen verschwiegen wird. Abgetrennte Hände und Füße, verstümmelte und nackte Leichname, Feuer und Verwüstung, vermummte Männer, betende Frauen und Kinder – das Haus schreit dem Betrachter die Vergangenheit entgegen. Über dem Grauen steht der Name der Organisation, die bereits 1983 von den Angehörigen der Verschleppten und Verschwundenen gegründet wurde, um die Entführten wiederzufinden: ANFASEP.

Wir treten ein und sind die einzigen Besucher in den drei Ausstellungsräumen. Isabel begrüßt uns, ich habe mit ihr telefoniert. Sie erzählt, dass die Terrororganisation Sendero Luminoso, der Leuchtende Pfad, vom Philosophieprofessor Abimael Guzmán gegründet und angeführt wurde. Am 17. Mai 1980 schlug sie das erste Mal zu, an diesem Tag verbrannte sie die Wahlurnen. »Die Regierung schickte das Militär, um den Leuchtenden Pfad zu bekämpfen, doch das tat es nicht. Ayacucho wurde zu einer Katastrophenzone. Stattdessen fingen die Soldaten an, unschuldige Menschen zu töten. Sie sagten: ›Wenn wir fünf Menschen töten, werden zwei oder drei davon Terroristen sein.‹ Das war der Beginn des Krieges.«

Isabel ist noch jung. Ihr Gedächtnis speist sich aus der Geschichte ihrer Familie. Ihr Blick ist unerschrocken, ihre Stimme kräftig, als sie uns vom Krieg erzählt. Sie hat sich die Erinnerung zur Aufgabe gemacht. »Diejenigen, die sich nicht an die Vergangenheit erinnern, sind verdammt, sie zu wiederholen«, beendet sie das Gespräch. Sie blickt auf ein Banner über einem Durchgang, auf dem zu lesen ist: *Para que no se repita.* Damit es sich nicht wiederholt. Es ist ein Satz, der auch in Deutschland immer wieder gesagt werden muss, denke ich. Er gehört jetzt zur Erinnerungskultur, die die starken Frauen von ANFASEP aufbauen.

Ich schaue mich in den Räumen um. An einer Wand hängt ein riesiges Bild. Zwei Totenkopfgestalten blicken sich aus leeren Augenhöhlen an. Sie fletschen die Zähne. Die linke ist rot, rot wie die marxistisch-leninistische und maoistische Terrorgruppe Sendero Luminoso. Die rechte Gestalt ist grün. Es ist die Farbe des Militärs. Neben den Totenköpfen bilden kleine Figuren die Schrecken der Zeit ab. Die Soldaten, gekleidet in Tarnfarben, erschießen und foltern Menschen in Baracken. Sie zerreißen die

Kleidung der Frauen und vergewaltigen sie in ihren eigenen Häusern. Die Männer des Sendero Luminoso verstümmeln Bauern zwischen Kakteen auf einem blutdurchtränkten Feld. Die Mörder beugen sich mit Äxten und Felssteinen über die Geschundenen, um ihre Köpfe zu zertrümmern. Sie töten nicht mit Gewehren, denn sie müssen Munition sparen.

In einer Nische sind Kleidungsstücke ausgestellt. Daneben hängen Fotos der Personen, die sie einst trugen. Es sind die Hüllen der Verschwundenen, Indizien ihrer Existenz. Die meisten der siebzigtausend Toten, die der Bürgerkrieg forderte, gehörten der quechuasprachigen Landbevölkerung an. Da das Militär sie für die Nutznießer von Guzmáns Ideologie hielt, vermutete es viele Anhänger unter den Bauern. Sie wurden von beiden Seiten umgebracht, egal, was sie taten.

Je länger ich in diesen Räumen bin, desto genauer will ich mir jedes kleine Detail des Grauens ansehen. Fotos verschwundener Menschen hängen von der Decke. Andere Fotos zeigen nackte Menschenberge in Erdkuhlen, Trauermärsche mit unzähligen weißen Särgen, abtransportierte, geschlagene, gebrochene Menschen.

Es ist nicht möglich, diese Vergangenheit zu fassen, sie gar zu bewältigen. Man kann nur mit dem Finger darauf zeigen, auf diese offene Wunde, und hoffen, dass eine ewige Narbe zurückbleibt. Eine Narbe, die Erinnerungen schafft, die Absolution verweigert, die Gerechtigkeit einfordert.

Dann treffen wir Adelina Garcia Mendoza. Sie ist die Vorsteherin der Organisation. Auch ihre Stimme ist stark. Sie erzählt, dass viele ihrer Verwandten gestorben oder verschwunden sind. Keiner weiß, was mit ihnen passiert ist. Deshalb gibt es ANFASEP. Mütter, Ehefrauen, Schwestern, die nach Wahrheit suchen.

»Sie haben die Männer in der Nacht geholt und ihnen gesagt, dass sie Terroristen sind. Wir haben sehr unter der Gewalt gelitten. Eines Nachts kamen sie zu unserem Haus. Wir schliefen. Sie folterten mich. Dann nahmen sie ihn. Sie haben alles von uns genommen. Sie führten ihn zu den Baracken.«

In ihren Augen schimmert der Glanz der Trauer, die nie vergehen wird. Ich bewundere Adelina, die es schafft, sich jeden Tag mit dem Schicksal ihrer verlorenen Angehörigen auseinanderzusetzen. Seit über zwanzig Jahren hat sie die Suche nicht aufgegeben. Die Frauen von ANFASEP sind Menschenrechtlerinnen, jede mit einer eigenen traurigen Vergangenheit. Sie wollen keine Ruhe, sie wollen Aufmerksamkeit und Wiedergutmachung von staatlicher Seite. Es ist ein schwelender Kampf, der nicht enden will.

Wir blicken auf die Stadt. Sie hält uns fest, lässt nicht los. Der Himmel ist grau und traurig, an diesem Tag könnte es unmöglich anders sein. Die Geschichte will immer noch erzählt werden. Also suchen wir den Platz, der den Toten gehört, den Opfern des Terrors, die zwischen die Anhänger des Sendero Luminoso und das Militär geraten sind, die als Menschenabfall in einer Grube entsorgt wurden.

Man suchte und grub, suchte und grub, durchwühlte die Erde, hoffte darauf, etwas zu finden, und hoffte darauf, nichts zu finden. Doch der Moment kam, die ersten Knochen stachen aus dem Erdboden hervor, das Graben wurde hektischer, politischer, und man schürte die Hoffnung der Angehörigen, die Leichname anhand ihrer Kleidungsstücke identifizieren zu können. Manche Menschen durften jetzt weiter trauern, auf eine neue Art.

Wir irren in den Gassen rund um das Hochsicherheitsgefängnis am nördlichen Stadtrand Ayacuchos umher. Paolo kurbelt das Fenster des Wagens herunter. Neben uns geht eine alte Frau auf der unbefestigten Straße. Ihre geflochtenen grauen Zöpfe schauen jugendlich unter ihrem schwarzen Zylinder hervor, ihre Strickjacke hat sie fest um den Körper geschlungen.

»Entschuldigung, wo finden wir die Gräber?«

Sie blickt sich um, kommt einen Schritt näher.

»Dort, hinter der Mauer, da liegt ein Feld.«

Dann setzt die Frau ihren Weg fort. Hier am nördlichen Ende der Stadt, hinter dem Gefängnis und neben einer Landebahn, finden wir das Feld, ein Feld der Vernichtung, der Ungerechtigkeit, der Verwüstung. Ein Kreuz erinnert an das Schicksal der Toten, doch nur Hartnäckige erreichen das Mahnmal an diesem Ort im Nirgendwo. Niemand spricht gern über die Vergangenheit, die ihre klebrigen Fühler noch immer bis in die Gegenwart streckt.

Der abgeschlagene Kopf einer Puppe liegt unbeachtet im Gras, das aus dem fauligen Boden sprießt. Direkt darunter, unsichtbar für die Augen, liegen auch abgeschlagene Köpfe, nur nicht aus Plastik. Während ich auf dem Feld entlanggehe, erkenne ich langsam ein Muster, erst noch verborgen, dann immer deutlicher. Quader für Quader wurden hier die Gräber geöffnet, die Erde strategisch nach menschlichen Überresten durchforstet. Ein viereckiger Turm steht auch auf dem Feld. Oben hat er einen Abzug. Es ist ein Ofen, geschaffen für die Menschen, die nicht in der Erde verscharrt wurden.

Und wie ich hier stehe, in mich gekehrt, meine Fantasie zu überwältigend, meine Vorstellungen zu monströs, als dass ich wahrhaben will, dass Menschen zu solchen Grausamkeiten fähig sind, blicke ich mich um zu meinen Gefährten. Ein Wind kommt auf. Jeder steht für sich, wandelt auf dem Totenacker, bückt sich, schaut in die Ferne, streift das Gras, und ich erkenne, dieser Ort verlangt Einsamkeit.

Hier ist es besonders schwer, sich mitzuteilen, zu erzählen, zu schreiben. Diese Welt lässt sich nicht mehr durch Sprache ordnen. Der Versuch ist nur ein klägliches Bemühen um Beschreibung und Abbildung, um Mitleid und Empathie, ein Wachrütteln, Mitteilen, Draufzeigen. Indem ich versuche, diesen Moment einzufangen, ihn messbar zu machen, der Welt anzuvertrauen, verändert er sich schon wieder. Teile gehen verloren. Und ich ahne, man muss da sein, man muss es fühlen, wenn die stummen Dinge zu sprechen beginnen.

Von weit her ertönt ein Kinderlachen, der Wind trägt es herüber. Ich schaue auf und erkenne in der Ferne, wie eine Kinderschar am anderen Ende des Feldes steht, nachdenklich, sich beratend, und dann kurzerhand über die Gräber zu uns angelaufen kommt, hüpfend, springend, freudestrahlend.

Die Begegnungen mit Kindern in fremden Ländern empfinde ich oft als einfacher als die mit Erwachsenen, denn sie kommunizieren so seelenoffen, auch ohne Sprache, sie haben weniger Scham vor Berührungen, sie verlangen und geben, wie sie es aus ihrem unbefangenen Wesen heraus für richtig halten.

Als die Kinder nun vor uns stehen, frage ich mich, woher sie kommen, und erblicke etwas abschüssig einige Baracken, ein Elendsviertel, das in einer namenlosen Gegend, im Niemandsland zwischen Gefängnis, Flugbahn und Massengrab liegt. Wo sonst sollen die Kinder spielen, wenn nicht hier?

Und während ich diesen Gedanken noch zu Ende bringe, werde ich schon zu Boden gezogen, damit meine Haare besser

geflochten werden können. Ich gebe die Kamera ab, Mädchen wollen vor ihr posieren. Wir wirbeln Kinder durch die Luft und wenden alles Wissen über spaßiges Rumgetobe an. Ich schiebe meine Melancholie beiseite. Ich habe keine Zeit dafür, ich muss jetzt spielen.

Wir vergessen, warum wir hier sind, jetzt wollen wir lachen und Quatsch machen, ganz unspektakulär, bis wir keine Puste mehr haben, bis kein Kind mehr schreit: *Otra vez!* Noch mal!

Plötzlich erzähle ich die Geschichte von der Begegnung mit diesen kleinen Menschen und nicht die Geschichte der Ausgrabungen. Und plötzlich sehe ich nicht nur die tiefen, rechteckigen Mulden, abgeschlagene Puppenköpfe und verdorrtes Gras, sondern auch die vielen Blumen, die zu meinen Füßen blühen. Es ist ein schmaler Grat zwischen Vergessen und Erinnern, zwischen Vergangenheit und Zukunft, zwischen Verdrängung und Weitermachen.

Ich frage mich, ob es anstandslos, pietätlos ist, an dem Ort des Gedenkens zu spielen, zu lachen, zu blödeln, und entscheide mich spontan: Es fühlt sich gut an, es fühlt sich richtig an, für alle, die an diesem Nachmittag hier sind.

Der unbegreifliche Schrecken und die immense Lebensfreude liegen nur wenige Minuten voneinander entfernt, und ich habe sie beide gespürt. Als wir die Gräber und die Kinder verlassen, summe ich vor mich hin, vielleicht. In meinem Kopf höre ich jetzt:

Sag mir, wo die Gräber sind.
Blumen blühn im Sommerwind.
Wann wird man je verstehen?
Wann wird man je verstehen?

Ich stehe auf der Plaza de Armas in Ayacucho. Der Platz ist gesäumt von Kolonialbauten, gepflegten Beeten, in Form gebrachten Bäumen. In der Mitte steht eine Statue des Freiheitskämpfers Antonio José de Sucre. Alles hier hat seine Ordnung.

Neben der Statue liest ein älterer Mann in einer Tageszeitung, während ein Schuhputzerjunge sich um seine Budapester bemüht. Der Junge trägt eine Sturmhaube. Unter dem schwarzen Stoff muss es in der Sonne unerträglich heiß werden. Doch das Schuheputzen ist für viele beschämend, also verbergen sie dabei ihr Gesicht. Der ältere Herr blickt jetzt auf. Er sieht uns auf dem Platz herumlaufen, sechs Gringos in einer Stadt, die nicht von Gringos besucht wird. Rasch gibt er dem Jungen Geld, er bedankt sich, kommt auf uns zu. Er will zur Kamera, erzählt uns, dass er Journalist war. Ich denke an Christobals Worte, an die Vorsicht, die er angemahnt hat. Ich werde ihm später erzählen, dass es in dieser Stadt Menschen gibt, die Auseinandersetzung verlangen, die schreien und nicht schweigen wollen.

Hugo Ned Alarcon trägt ein kariertes Hemd. Ein angenehmer, zarter Hauch von Rasierwasser umgibt ihn. Seine Haare sind ordentlich nach hinten gekämmt, die Schuhe glänzen jetzt. Die Zeitung hat er unter seinen Arm geklemmt, als er zu sprechen beginnt. Er erzählt von seiner Stadt, von der Eleganz und dem Fortschritt, doch das sei nur die Oberfläche. »Einige der Terroristen sind immer noch aktiv, sie arbeiten für Drogenkartelle. Die Armee hat sie noch nicht ausgemerzt, da sie in vielen kleinen Gruppen agieren. Wir hoffen, dass wir das in den kommenden Jahren ändern können. Die lokalen Autoritäten müssen die Regierung zum Handeln bewegen. Sie müssen die Dinge für die jungen Menschen verbessern.« Hugo redet voller Inbrunst, mit überzeugender Leidenschaft. Er erzählt, dass er in den Achtzigern für eine Tageszeitung geschrieben hat. Sie wurde eingestellt. »Jeden Tag berichteten wir von Toten, sie waren überall. Beide, die Guerillas und die Armee, haben Menschen umgebracht.« Er hat Angst, dass Peru nicht aus seinen Fehlern lernt. Die Regierung investiere nicht genügend in die Stadt, die einst Hauptsitz des Leuchtendes Pfades war.

Hugo hat gesagt, was er sagen will. Er bedankt sich für die Möglichkeit, seine Meinung zu äußern. Sein Händedruck ist fest. Ich sehe in ihm den jungen Mann, der über Morde schrieb und sie nicht verhindern konnte, ich sehe die aufgestaute Wut, die Ohnmacht.

Die gesamte Region war vor wenigen Jahren noch ein einziger Kriegsschauplatz, viele Gräber sind unauffindbar, vielleicht für immer. Ich stelle mir eine Welt vor, in der das Grauen zwei unterschiedliche Namen trägt, auf zwei Seiten kämpft, Armee gegen Terroristen, böse gegen böse, Gewalt und Tod, ausschließlich. Es gab niemanden, der die Bevölkerung schützen konnte. Überleben schien unmöglich, von einer Partei wurde man immer umgebracht, so oder so. Es heißt, dass etwa eine halbe Millionen Menschen vor dem Terror flüchteten.

Von der Plaza de Armas schlendern wir zum Markt des 12. April. Es ist schwierig, den Alltag der Stadt unbeschwert, wertfrei, ungetrübt zu beobachten. Die Geschichten hallen nach. Ich gehe durch den rot-weißen Triumphbogen, hinter dem eine Fußgängerzone beginnt. Zunehmend mehr Menschen verkaufen hier ihre Waren. Eine Frau löffelt Joghurt aus einem Plastikbecher, zwei Mädchen verkaufen Softeis, andere Limonade. Als wir eine Straße überqueren, sehe ich einen offenen Kofferraum. Eine Menschentraube hat sich darum gebildet. Ein Papierschild kündigt an: »Turnschuhe für 25 Soles«. Wir biegen ab und treten in eine Halle, es ist schummrig. Hier ist er, der Markt des 12. April. Vorne hängen nackte Hühner, fein säuberlich gerupft, die Beine an einem Haken befestigt, auf Augenhöhe. Darunter liegen die Innereien, abgeschlagene Köpfe, Schenkel, Rümpfe – wenn man schon kein ganzes Huhn erwerben möchte. Der Stand ist bemerkenswert geruchsneutral. Im Innern des Marktes sind die Feldfrüchte dieses Landes in Säcken nebeneinander aufgereiht, die Auswahl erscheint grenzenlos. Große Küchenwagen warten auf ihren Einsatz. Obwohl draußen so viele Menschen geschäftig umhertreiben, ist es hier drinnen beinahe einsam. Gelangweilt lesen die Verkäuferinnen ihre Zeitungen, sie scheinen sich heute schon alles erzählt zu haben.

Als ich weitergehe, starrt mich ein gelbhaariger Spielzeugtroll aus meiner Kindheit an. Durch sein verfilztes Haar ist ein Nagel geschlagen, er hängt neben Plastiktüten mit Mandeln, salzigen Leckereien und Tüten eines undefinierbaren weißen Pulvers, vielleicht eine Art Glücksbringer. Nebenan dümpeln Kröten schläfrig im Eiswasser eines Terrariums. Im Schaufenster darunter liegen bunt eingewickelte Heilmittelchen. Ovarina hilft der Gebärmutter, eine hübsche Frau in einem weißen Abendkleid zeigt ihr strahlendes Lächeln. Extracto Ractanya Arenilla ist gut für die Prostata, Extracto Alcachota Boldo + Liaza für das Herz und Cadrio Vital für den ganzen Körper. Ich stehe vor einer Apotheke der anderen Art. Die Frau hinter der Theke blickt mich freundlich an. Ich frage sie, wofür die Kröten da sind. Und bevor ich losschreien kann, nimmt sie flink eine vom Eis halb betäubte Kröte heraus und zieht ihr bei lebendigem Leib die Haut ab. Lächelnd schmeißt sie das Tier zusammen mit einer zähen Flüssigkeit in einen Mixer, fügt weitere Zutaten hinzu, mixt erneut,

wartet, prüft, gießt schließlich den gelblichen Smoothie schwungvoll in einen Becher und hält ihn mir unter die Nase.

Ich wünsche mir die Chicha zurück. Widerwillig nehme ich den Becher in die Hand. Ich will keine zermatschte, in die kleinsten Stückchen zerfetzte Kröte trinken. Aber die Frau meint es gut. Der Trank heilt, sagt sie. Er heilt Asthma, Bronchitis, Tuberkulose, Trägheit und sogar Impotenz. Ich kann dem nichts entgegensetzen, ich will nicht respektlos erscheinen, die Kröte soll nicht grundlos gestorben sein. Also führe ich den Becher zum Mund. Und ich stelle fest, dass der Krötensaft nach Honig und Banane schmeckt. »Viele Peruaner trinken ihn am Morgen, er gibt ihnen Kraft für den Tag«, erzählt die Frau und setzt leise hinzu: »Und die Frauen trinken ihn aus Rache, wenn sie herausfinden, dass ihr Prinz daheim in Wirklichkeit ein Frosch ist.« Sie zieht beide Augenbrauen hoch und kichert hinter vorgehaltener Hand.

Als wir den Markt schließlich verlassen, überlege ich flüchtig, ob ich die Kröten kaufen und ihnen die Freiheit schenken soll. Doch ich tue es nicht, aus Bequemlichkeit, aus Ehrfurcht vor der Tradition, aus Zeitmangel. Irgendein Grund lässt sich immer finden.

Etwas oberhalb der Stadt verläuft eine steile Straße. Sie wird von maroden Häusern flankiert. Über einer verrosteten Metalltür steht: Hnos. Pizarro. Gebrüder Pizarro. Edwin ist übrig, sein Bruder ist verschwunden. An der Hauswand prangt ein verfallenes Wandgemälde, ich erkenne einen traurigen Jesus und einen indigenen Mann, vielleicht tanzt er. Der Rest des Putzes bröckelt, eine erschöpfte, braune Wand kommt darunter zum Vorschein. Sie sieht aus, als würde sie die Last nicht mehr lange tragen.

Edwin begrüßt uns in einer weißbesprenkelten Schürze, wir interessieren uns für seine Kunst. Sein Gesicht ist weich und freundlich. Er führt uns in seine Werkstatt, in die durch die schmalen Ritzen im Wellblechdach nur wenig Tageslicht fällt. Überall stehen Werkzeuge, Farben, Pinsel, Spachtel, Tuben, Kleber, Regale voller begonnener und vollendeter Figuren. Es ist das Reich seines Schaffens. Edwin fertigt Flügelaltare an, sogenannte Retablos. Es sind Regalschränke, die auf verschiedenen Ebenen anhand kleiner Figuren eine Geschichte erzählen. Ein über 1,60 Meter hohes Altarstück lehnt an einer Wand. Es stellt den christlichen Glauben neben der Andenkultur dar. Edwin ist stolz, es ist sein Meisterwerk. Er war mit seiner Kunst bereits in Europa, doch er möchte seine Heimatstadt nicht verlassen.

Nachdem die Spanier im 19. Jahrhundert besiegt worden waren, änderte sich die bis dahin ausschließlich christliche Altarmotivik. Die Vergangenheit seines Landes, seiner Stadt kann Edwin heute in seinen Kunstwerken festhalten. Sie tragen ihren Teil zur Erinnerung bei. Aus einem Holzkreuz in der Ecke ragen Totenkopfgestalten heraus. Sie sind arm- und beinlos, ihr Mund ist zu einem klagenden Schrei verzerrt, die leeren Augen weit aufgerissen. Es sind die Toten der Stadt. *Para que no se repita.*

Edwin stellt Teigmasse für uns her und drückt mir einen Klumpen in die Hand. Ich beginne zu kneten, er zeigt mir, wie er die filigranen Figuren formt. Ich bewundere seine Fähigkeit, ihnen einen menschlichen, lebendigen Ausdruck zu verleihen. Das Gesicht, das ich forme, bleibt fade, kindlich, unecht. Schnell wird es unter meinen Fingern rissig. Massenweise Figuren sind in den Retablos versammelt, und ich erkenne ihre Individualität, obwohl sie nicht größer sind als mein kleiner Finger. Sie reißen

mit flehendem Gesicht die Hände zum Himmel, sie feiern fröhliche Feste, sie beten und singen. Bewegung und Rhythmus schwingen durch ihre zerbrechlichen Körper.

Edwins Kunst ist so bunt wie das Land, in dem er lebt. Dennoch ist sie so ernst, wie Kunst es nur sein kann. Die Farben trügen nicht über die Geschichten hinweg, die Edwin erzählt.

Zum Abschied schenkt er mir einen winzigen Altar, gebettet in eine Blüte aus den Anden. Obwohl ich nicht gläubig bin, freue ich mich über dieses Geschenk von einem Mann, den ich für einen großen Künstler halte.

Edwin begleitet uns ein Stück weit auf seiner Straße. Nur wenige Meter von seinem Haus befindet sich ein Aussichtspunkt. Auf einer Mauer steht: *Amigas por siempre.* Freundinnen auf ewig. Das würde ich der Stadt gerne sagen, doch es wäre gelogen. Unterhalb der Mauer spielen einige Jungen auf einem gepflasterten Platz Fußball. Der Himmel ist verhangen, das Licht diffus. Ich sehe Ayacucho von oben. Es ist ein Abschied. Noch heute werden wir die Stadt verlassen.

Die Begegnungen dieser Stadt – verwitwete Menschenrechtlerinnen, in Armut lebende Kinder, ein alter Journalist, eine kichernde Verkäuferin, ein übriggebliebener Künstlerbruder –, sie alle haben mich mitgenommen, in ihre Vergangenheit, ihre Zukunft, ihre Geschichten.

Am nächsten Vormittag fahren wir zum Yalpana Wasi. Es ist ein Haus der Erinnerung an die Verbrechen der vergangenen Jahrzehnte. In dem Museum steckt viel Geld, ein Lichtspiel ist auf einen Wasserfall unter der Decke projiziert. Es wirkt pompöser, steriler, professioneller im Vergleich zum winzigen Museum in Ayacucho.

Auf einem riesigen Wandbild erkenne ich verzerrte und verrenkte nackte Körper. Die Münder der dargestellten Menschen sind verwischt. Hier treffen wir vier Überlebende des Terrors. Sie möchten uns ihre Geschichte erzählen, denn sie haben beschlossen, dass es gut ist, die Vergangenheit mit der Welt zu teilen.

Teodosia steht allein in einem Raum zwischen Stellwänden. Sie trägt einen schweren blauen Rock, eine dicke Strickjacke, darüber eine Lliclla, ein handgewebtes Schultertuch. Auf ihrem Kopf sitzt ein schwarzer Bowlerhut, ihre Haare sind von feinen grauen Strähnen durchzogen, sie ist Bäuerin.

Vor ihr, einige Meter entfernt, stehen wir, nebeneinander aufgereiht, wie am Vortag bei Tres Cruces. Nur warten wir nicht auf den Sonnenaufgang, auf den ersten wärmenden Lichtstrahl auf unseren Gesichtern. Wir warten auf die Geschichte einer Frau, die uns zeigen wird, wie die Hölle aussieht.

Teodosia atmet ein, sie ist ruhig und gefasst. Dann beginnt sie zu erzählen. »Mein Ehemann, meine Kinder und ich waren beim Abendessen. Sie kamen, um uns zum Hauptplatz zu bringen, wir hatten solche Angst. Sie töteten den einen direkt neben uns, vor den Kindern. Wir schafften es zu fliehen. Einige Tage später reisten mindestens fünfzig Soldaten an. Sie kamen und fragten die Menschen: ›Seid ihr vom Leuchtenden Pfad? Wir werden euch töten.‹« Noch sind ihre Sätze stark und fest. Sie fließen aus ihrem Mund heraus.

»Wir flohen in die Berge. Sieben Monate lang schliefen wir auf einer kleinen Bergkuppe, denn wir konnten nicht mehr zurück. Jemand brachte uns Essen: Salz, Zucker, Kartoffeln und etwas Mais. In der Nacht, in der ich doch zurückkehrte, kamen die Soldaten nachts um eins, um mich zu holen. Sie nahmen auch meine Schwiegertochter, meine Nichte, ihr sechs Monate altes Kind und mein zweijähriges mit. Sie sperrten uns in eine Toilette ein. Nacht und Tag. Die Kinder schrien, sie waren am Verhungern.«

Ihre Stimme wird höher, unruhiger. Es hämmert leise in meinem Kopf. Ich spüre ihre Anspannung.

»Dort waren drei Soldaten.«

Sie spricht weiter, Wort für Wort. Das Unvorstellbare gewinnt langsam die Macht über die alte Frau, die nun so winzig vor der großen Kamera steht und ihre Hände festhält, als habe sie nur noch sich auf dieser Welt.

»Als wir ihren Anweisungen nicht folgten, schlugen und vergewaltigten sie uns.«

Teodosias Gesicht ist schmerzverzerrt, ihre Stimme zittert, es bricht aus ihr heraus, die Tränen kommen. Obwohl ich um die Leiden der Opfer weiß, bin ich dennoch nicht vorbereitet auf diese persönlichste aller Emotionen, die Teodosia nicht länger verbergen kann.

Die Intimität, die plötzlich entsteht, ergreift mich. Die Geschichte hat jetzt einen Namen und ein Gesicht. Teodosia. Du führst mich für einen winzigen Moment in deine Dunkelheit, deinen Schmerz. Ich werde zum Mitwisser. Du bist an den Ort zurückgekehrt, an dem du zum Opfer des Terrors wurdest.

»Sie hörten nicht auf... Es kümmerte sie nicht...« Aufruhr im Innern. Du legst müde deine Hand vor deine Augen, vor deinen

Mund, die Tränen trocknen nicht. Die Gefühle sollen verschwinden, du versuchst, sie mit der Hand fortzuwischen. Dann sprichst du verstört den Satz zu Ende.

»Es kümmerte sie nicht, dass dort Kinder waren.«

Ich weine stumm, ich kann mich nicht bewegen. Ich versuche, deine Worte zu begreifen und versage. Neben mir atmet keiner mehr. Alle gehören dir, leben für dich, leiden für dich, in diesem Moment. Ich sehe auf einmal, was Mitleid, mitleiden, bedeuten kann.

Ich frage mich, ob es Folter ist, dich allein vor der Kamera stehen zu lassen. Ich möchte zu dir gehen, dich in den Arm nehmen, gemeinsam weinen, dir sagen, dass alles gut wird, obwohl es nicht stimmt.

Doch nein, du weißt, dass du gehen kannst, wenn du willst. In diesem Augenblick willst du deinen Schmerz teilen, du willst ihn der Welt zeigen. Dein Mund ist nicht verwischt wie auf dem Wandbild. Du willst, dass wir verstehen, dass Menschen zu Monstern werden können. Dass Menschen jegliches Mitgefühl abhandenkommen kann. Dass Männer, Frauen, Kinder, Säuglinge wertlos sind, in Täteraugen.

»Sie fingen mit meiner Nichte an, dann missbrauchten sie mich und meine Schwiegertochter. Die Tochter meiner Nichte starb. Sie war nur wenige Monate alt.«

Du wiederholst das Alter des Babys, das sterben musste. Immer wieder. Immer wieder. Dein Körper wiegt vor und zurück. Es scheint mir, als könntest du das Leid der Erwachsenen, auch dein eigenes, ertragen. Es sind die Kinder, die dich um deine Fassung bringen, dich zurückziehen, in das schwarze Loch der Trauer, in eine Endlosschleife des Horrors.

Es kümmerte sie nicht, dass dort Kinder waren... Die Tochter meiner Nichte starb... Sie war nur wenige Monate alt... Es kümmerte sie nicht, dass dort Kinder waren... Die Tochter meiner Nichte starb... Sie war nur wenige Monate alt...

Die Gedanken lassen dich nicht mehr los, die Erinnerungen sind allgegenwärtig, die drei Soldaten leben weiter, im echten Leben, in deinem Kopf, ungesühnt. Das ist es, was so erschreckend, so entsetzlich, so unfassbar ist.

Hier stehe ich nun, neben mir die anderen. Unvermögend, zu kraftlos, um zu reden, zu handeln, zu reagieren. Du bist erschöpft, du weinst jetzt ungehemmt. Uns bleibt die Ohnmacht. Die Kälte ist zurück. *Para que no se repita.* Ein Satz der Verzweifelten. Ich bin mir auf einmal sicher, die Geschichte wird sich immer wiederholen, keiner will lernen, wir haben keine Kontrolle. Nicht als Einzelne. Die Menschen geben der Welt einen traurigen Klang.

Über La Oroya nach Cerro de Pasco

Stadt ohne Farben

Wir folgen dem Fluss Mantaro, der an Huancayo vorbeifließt. Er entspringt dem weiter nördlich gelegenen See Junín. Grüngrau windet er sich zwischen den Tälern. Man sieht ihm nicht an, wie gefährlich er ist. Kinder spielen am Ufer, eine Frau wäscht ihre Wäsche. Alles ist gewöhnlich. Die Landschaft ist karg, einzelne Bäume krallen sich mit ihren Wurzeln am Felsen fest.

Das Wasser des Mantaro ist die Lebensgrundlage der Region und vergiftet dennoch langsam die lokale Bevölkerung, erzählt mir Paula. Sie ist Ingenieurin für Metallkunde. Denn der Fluss trägt giftige Metalle in sich: Blei, Arsen, Kadmium, Antimon und Quecksilber gelangen von den vielen Minen, die sich in diesem Teil Perus befinden, in den Fluss. Auf seinem Weg durch das Land verteilt er die Metalle gerecht unter den Menschen. Über das Wasser gelangen sie in den Boden, in die Nahrung, in die Bäuche, in das Blut von Kindern, Frauen, Männern. Es gibt kaum jemanden, der die Arbeit der Bergbaufirmen kontrolliert. Profit ist das oberste Gebot, Nachhaltigkeit ein leeres Wort. An die Zukunft denkt keiner.

Ein rotes Brückengeländer zieht an meinem Fenster vorbei. Dahinter liegt im Nebel die Schwerindustrie von La Oroya. Straßenlaternen leuchten orange, Wellblechhütten und Abraumhalden säumen einen langen Straßenzug, brüchiger Fels umschließt die Fabrikgebäude. Diese Gesteine sind durchsetzt mit Blei, Zink, Kupfer und Silber. Es beginnt zu regnen. Die sauren Wassertropfen zerstören das Land.

La Oroya wurde 2006 und 2007 von der Umweltschutzorganisation Blacksmith Institute (inzwischen heißt sie Pure Earth) als einer der zehn am stärksten verschmutzten Orte weltweit bezeichnet. Neugeborene kommen mit verseuchtem Blut auf die Welt. Nach einer Studie der Generaldirektion der Umweltgesundheit Perus (DIGESA) zeigten zur Jahrtausendwende 99 Prozent der Kinder, die in der Umgebung leben, Bleiwerte im Blut, die über dem WHO-Grenzwert liegen. Nachdem das amerikanische Unternehmen Doe Run die Mine La Oroya 1997 gekauft und die daran gekoppelten Umweltauflagen selbst nach mehr als einem Jahrzehnt nicht einhalten konnte, meldete es Insolvenz an. Der Abbau wurde eingestellt, die Krankheitsrate bleibt hoch.

Der Export der Bodenschätze ist wirtschaftlich enorm wichtig für das Land. Peru ist größter Silberproduzent weltweit, zweitgrößter Kupfer-, sechstgrößter Goldproduzent. Der Weltmarkt verlangt nach den peruanischen Metallen, der Abbau hat eine lange Tradition.

Es ist Nacht. Der Regen wird allmählich zu Schnee und das Schneegestöber zu einem Schneesturm, als wir endlich Cerro de Pasco erreichen. Die Stadt liegt auf 4338 Metern Höhe und soll damit eine der höchstgelegenen Städte der Erde sein. Cerro de Pasco ist das Zentrum der Minenindustrie Zentralperus und der trostloseste Ort, den ich in meinem Leben bisher gesehen habe.

Ich betrete das Hostel und erwarte einen wärmenden Luftstrom, der mir zeigt: Du bist eingekehrt, das hier ist deine Herberge, ein heimeliger Ort in der bitteren Kälte. Doch nichts davon passiert. Eine Frau sitzt hinter einem Schreibtisch im Flur, sie trägt eine Mütze und Handschuhe. Ich kann ihren Atem sehen. Die Häuser in Cerro de Pasco besitzen keine Heizung, keine Isolierung, keine Wärme. Sie können nur vor dem permanenten Schnee und Regen schützen. Das Klima der Stadt wird von einer regnerischen Periode dominiert, die von September bis Mai andauert. Unglaubliche neun Monate lang.

Auf dem Zimmer suche ich so viele Shirts und Pullover zusammen, wie ich übereinander anziehen kann. Dann klopft es leise an der Tür, die Frau hält mir lächelnd eine Wärmflasche entgegen. Es ist das größte Geschenk, das man mir zu diesem Zeitpunkt bereiten kann. Ich schlafe gut in dieser Nacht und erwache frierend.

Der Tag ist dreckig. Die Häuser sind grau, die Menschen auch. Eine Straße führt mich auf eine Anhöhe an einem Stacheldrahtzaun entlang. Dahinter liegt das Gelände der Mine. Es ist so

gigantisch, dass ich bisher nur kleine Ausschnitte der Anlage erkennen kann. Plastiktüten, Getränkedosen und Essensreste säumen den Weg. Der Müll verfängt sich im Stacheldraht und wartet auf einen Wind, der ihn wieder losreißt. Drei Hunde laufen einige Meter vor mir her. Sie sind auf Futtersuche und treffen auf einen kleinen Müllberg: Windeln, Tonscherben, verschimmeltes Gemüse. Ein kurzer Kampf bricht aus, der Gewinner steht schnell fest. Als ich an ihm vorbeigehe, knurrt er mit hochgezogenen Lefzen. Ich setze meinen Weg fort und komme schließlich an eine Stelle, an der ich durch den Zaun auf die ungeheuerlichen Ausmaße eines schwarzen Schlundes blicken kann. Es ist die Mine, die der Stadt die Farben raubt. Sie ist über eineinhalb Kilometer lang, achthundert Meter breit, vierhundert Meter tief und liegt mitten in der Stadt. Sie verschlingt alles, was sich ihr in den Weg stellt. Das historische Stadtzentrum wurde vernichtet, als in den 1950er Jahren direkt darunter ein riesiges Blei- und Zinkvorkommen gefunden wurde.

Die Grube wächst ständig, die Häuser, die verlassen in unmittelbarer Nähe der Abbruchkante stehen, werden fallen. Das Minenunternehmen hat sie bereits aufgekauft. Einige Peruaner behaupten zynisch, Cerro de Pasco habe die größte Plaza de Armas, den größten zentralen Stadtplatz, des Landes. Die Stadt, die 1578 wegen ihrer Bodenschätze als Bergbausiedlung gegründet wurde, stirbt nun aus dem gleichen Grund einen langsamen Tod. Auf den Wellblechdächern der Häuser liegen große Steine. Sie sollen das Dach auch bei stürmischem Wind befestigen. Im Hinterhof türmt sich alter Schrott, wahrscheinlich schon seit Jahren. An einer Leine hängt Wäsche, die mit dem hiesigen Wasser nicht sauberer wird. Gleich daneben baumeln rohe Fleischstücke. Fließendes Wasser gibt es nur zu wenigen Stunden in der Woche. Die Mine trinkt es, sie ist wichtiger als die Menschen. In dieser Höhe gibt es keine Bäume, Büsche, gar blühende Pflänzchen, die das Stadtbild besänftigen könnten. Lediglich ein wenig Gras hält den Bedingungen stand. Die einst prächtige Stadt ist marode und faul. Bergbauabfälle werden in einem Teich nahe der Stadt entsorgt.

Der Wind wirbelt das Gift der Abraumhalden in die Luft, es setzt sich als hauchzarte Schicht über die Schulen, Straßen, Hospitäler, Wohnhäuser und das Lächeln der Menschen. Krankheiten nehmen zu. Psychische Probleme, Krämpfe, Konzentrationsstörungen, Nierenleiden, der Verfall des eigenen Körpers suchen die Bewohner Cerro de Pascos heim. Die Bleiepidemie schreitet voran. Kinder sind nicht altersgemäß entwickelt. Lösungen werden theoretisch diskutiert. 2008 erließ der Kongress das Gesetz Nr. 29293. Es forderte die Umsiedlung der gesamten Bevölkerung von etwa 67.000 Menschen. Das Gesetz blieb unbeachtet. Die Diskussionen gehen weiter.

Bevor wir Cerro de Pascos verlassen, fahren wir zu einem Aussichtspunkt und lassen die Stadt auf uns wirken. Ich stelle fest, dass ich das einzige Mal auf dieser Reise plötzlich schwarz-weiß fotografiere, rein intuitiv. In weiter Ferne türmen sich die Wolken auf, ich sehe helle Gletscher, eine Bergkulisse, die eine andere, vielleicht freundlichere Welt verspricht. Erst einige Stunden später, als wir vor den rot-weißen Hütchen einer Straßensperre stehen, der blaue Himmel über uns liegt und ich die tropische Wärme erleichtert im Nacken spüre, weiß ich plötzlich, meine Bilder sind schwarz-weiß, weil ich nicht mehr sehen wollte, dass die Farben fehlen.

Ich starre in die Dunkelheit und denke über die Melancholie nach, die mich seit einigen Tagen erfasst hat. Immer wieder dämmere ich weg, mein Oberkörper wird von den Kurven hin und her gewogen, der Gurt gibt mir das Gefühl von Sicherheit. Dann bremsen wir abrupt. Aus dem Walkie-Talkie ertönt eine knisternde Stimme: »Was ist los?« Stille. Am Wegesrand stehen zwei Polizisten. Seufzend vermute ich eine weitere Sackgasse.

Doch sie wollen nur wissen, was wir hier machen, wohin wir fahren. Der Jüngere schüttelt ernst den Kopf. Bis nach San Marcos um diese Uhrzeit, das sei viel zu gefährlich. Er meint es gut mit uns. Permanente Straßensperrungen zwangen uns zu dieser Ausweichroute. Der Einbruch der Dunkelheit liegt schon einige Stunden zurück.

Die Polizisten erklären, dass wir uns auf der Narcotraffic-Route befinden. Hier werden die Drogen geschmuggelt, nachts lieber als am Tage. Die Zahl der Überfälle sei enorm hoch, Vergewaltigung und Mord nicht unwahrscheinlich.

Mein Puls beschleunigt sich.

Die Polizisten nehmen sich Zeit, uns mit Militärstrategien zu versorgen. Dieses Wort scheinen sie besonders gut zu finden: Militärstrategien. Sie führen einen unsichtbaren, pausenlosen Krieg gegen die Drogenkartelle, seit Jahrzehnten und mit vielen Rückschlägen. Die Schlächter des Leuchtenden Pfades sind jetzt Auftragsmörder und haben sich dem Drogenschmuggel verschrieben. Es sind Männer, einst Bauern, die zwischen die Fronten geraten sind, nicht immer eine Wahl hatten, vielleicht nur überleben wollten. Tod gegen Leben, für das eigene Überleben, die eigene Familie. Erst kommt das Fressen, dann kommt die Moral, sagte Bertolt Brecht. Es ist ein Satz, über den ich schon oft nachgedacht habe. Doch in dieser Stunde will ich keine Empathie für die Menschen empfinden, die die Straßen und das Leben darauf bedrohen. Ich gebe ihnen also das vorgesehene Label – Drogenschmuggler und Mörder.

Wir haben zwei Autos, das ist ein Vorteil. Sie sollen eng beieinander fahren, damit das hintere nicht durch einen Überfall vom vorderen isoliert werden kann, empfehlen die Polizisten und gestikulieren eindringlich. Dabei schaut der Jüngere auf die

Hinterbank, fixiert mich und wünscht uns viel Glück. Ich will kein Glück brauchen müssen. Es bedeutet, dass es nicht in meiner Hand liegt, wie die nächsten Stunden verlaufen, ich keine Kontrolle über die Situation habe, ihr ausgeliefert bin. Die nächsten zwei Dörfer sollten wir besser zügig durchqueren, raten sie uns noch.

Diesmal begreife ich die Situation und bekomme Angst. Vielleicht liegt es an der Dunkelheit oder auch nur am gesunden Menschenverstand. Es ist nicht das Gleiche, die Sicherheitshinweise auf der Internetseite des Auswärtigen Amtes zu lesen oder konkrete Ratschläge von den Menschen vor Ort zu erhalten, um nicht in der Statistik aufzutauchen.

Wir können nun nichts mehr an der Uhrzeit oder unserem Standort ändern. Das Einzige, was wir jetzt wirklich brauchen, ist ein Schlafplatz. Unwillkürlich sinke ich tiefer in den Sitz. Das Kopfkino läuft. Wir fahren weiter, die Nacht ist bedrohlich geworden. Das Knistern des Funkgeräts wird in der nächsten Stunde nicht abbrechen. Der Kontakt zum zweiten Wagen überspielt die Nervosität, die Anspannung hält mich wach. Der Gurt kratzt am Hals, ich will ausbrechen, den Moment verlassen. Wir durchfahren das erste Dorf, wenig später das zweite. Nichts passiert. Vielleicht haben wir Glück, vielleicht haben wir auch nur kein Pech. Das ist ein großer Unterschied. Und doch kann ich ihn nicht immer zweifelsfrei erkennen.

Wir erreichen La Unión und finden einen Schlafplatz im gelben Schein der Straßenlaternen. Die Autos dürfen wir in einem Hinterhof parken, dort sind sie geschützt. Schwache bunte Lichter schimmern hinter einem der Fenster, gedämpfte Musik hallt durch die leeren Straßen.

Auf einer hölzernen Außentreppe steige ich knarrend zu dem

Zimmer empor, das mir zugewiesen wurde. Ich trete ein, schließe hinter mir ab, ziehe den Schlafsack hervor und lege ihn vorsichtig auf das Latexlaken. Angezogen krabbele ich hinein und ignoriere die Umgebung. In meinem Kopf ist es ruhig geworden, obwohl die Geräusche bleiben. Es ist mir egal, dass wir die Nacht in einem Bordell verbringen.

Doch als ich am nächsten Morgen den Hauptraum betrete, aus dem letzte Nacht die Musik ertönte, sehe ich zwei Kinder, die gemütlich im Schlafanzug vor einem Fernseher frühstücken. Der Raum ändert seine Bestimmung mit der Tageszeit. Gleich müssen sie in die Schule, erzählt mir ihre Mutter mit einem sanften Blick und reicht mir dabei einen dampfenden Tee.

Huascaran Nationalpark

45 Sekunden

Das Sonnenlicht fließt über die schneebedeckten Gipfel der höchsten Gebirgskette der Tropen, die Cordillera Blanca. Meine Wanderschuhe stapfen durch die Schneedecke, erst noch vorsichtig, dann immer weiter und schneller. Ich will nach ganz oben, was immer das bedeutet. Das Gebirgsrelief in der Ferne wirkt wie von Kinderhand gezeichnet. Scharf hebt sich die raue Kontur vom azurblauen Himmel ab. Dieses Blau, das unwirklicher wird, je näher ich ihm komme. Es ist versöhnlich.

Als ich mich umdrehe, sehe ich unsere beiden Wagen unter mir auf der Schotterpiste stehen, ganz klein. Wir machen kurz Pause, um uns dann den Weg durch den Huascaran-Nationalpark zu bahnen. Wenn ich hinabsteige, werde auch ich wieder klein, doch noch bin ich nicht bereit dafür, also gehe ich weiter. Der Berg vor mir ist nicht sehr steil, eigentlich ein Hügel jenseits der viertausend Höhenmeter. Es gibt keinen Weg, es gibt keine Spitze, kein Ziel. Dass ich hier hinaufklettere, ist pure Willkür. Und doch kann ich nicht aufhören. Ich muss wissen, was auf der anderen Seite des Hügels liegt, welche Berge dort durch das Licht gleiten, welche Strukturen und Muster den Horizont schmücken, welche Kinder dort gezeichnet haben.

Ich laufe jetzt den Berg hinauf, ich brauche keine Kraft zu sparen, ich will mich verausgaben. Mein Blick ist wieder auf den Schnee vor mir gerichtet. Und als das Stechen in der Lunge heranrollt, das Atmen schwerer und hektischer wird, verliere ich plötzlich die Schwermut der vergangenen Tage. Vor mir liegt, eingebettet im glitzernden Schnee, ein Pflänzchen mit lilaweißen Blüten. Unscheinbar, verletzlich und doch so voller Pracht blickt es auf die Märchenwelt der Gletscher.

Ich muss an den Abenteurer Leonhard Hagebucher denken, Protagonist dreier literarischer Werke: ein Versager bei Felicitas

Hoppe, ein Heimkehrer und Taugenichts bei Wilhelm Raabe, heimlicher Entdecker des Usambaraveilchens und fiktiver Begleiter Hans Meyers bei der Erstbesteigung des Kilimandscharo bei Christof Hamann. Ich mag Hagebucher. Er ist einer meiner Helden der Literaturgeschichte, weil er zeigt, dass Fiktion real und Realität fiktiv sein kann. Er eröffnet neue Sichtweisen auf die Gesellschaft, seine Gedanken sind frei. Er ist ein Grenzwandler. Also mache ich ihn in diesem Moment zu meinem Komplizen und denke mir, dass er sich ähnlich erhaben gefühlt haben muss wie ich gerade jetzt, als er das Usambaraveilchen erstmals erblickte. *Maschallah,* hätte er gesagt und damit die Bewunderung für die Blüten im Schnee meisterhaft ausgedrückt. *Maschallah,* flüstere auch ich und stupse die Pflanze vorsichtig mit meinem eisigen Finger an. Im Höhenrausch wird mir bewusst: Dies ist ein Moment, der zu Erinnerung wird. Die Macht der Bedeutung liegt bei demjenigen, der sie vergibt. An diesem Ort entscheide ich, dass die Pflanze wichtig ist.

Mein Fuß berührt Kopfsteinpflaster. Es ist so weit. Vor mir steht ein steinerner Mann. Sein Gesicht ist viel zu groß, er schaut finster aus und schweigt. Hinter ihm liegt eine Gasse. Fahnen sind darüber gespannt, sie flattern vor der Kulisse der vergletscherten Gipfel. Ich gehe an der Statue vorbei, die die alte Welt bewacht, und stehe nun auf der Jirón José Olaya, die als einzige Straße in Huaraz das Erdbeben vom 31. Mai 1970 überdauerte.

Fünfundvierzig Sekunden lang erzitterte die Erde an diesem Sonntag bei einer Stärke von 7,8 auf der Richterskala. Das Beben war so gewaltig, dass die schmalen Gassen zu Todesfallen wurden. Menschen, die nicht von Steinen erschlagen wurden, wurden von der Lawine überrollt, die die Stadt wenige Minuten nach dem Beben meterhoch mit Eis, Schlamm und Geröll bedeckte. Nur die Jirón José Olaya wurde vergessen. Besorgt schaue ich zwischen den Häuserwänden zu den Gletschern, sie sind so nah und fern zugleich. Erst gestern berührten meine Füße ihr Eis. Die Distanz entzieht sich meiner Wahrnehmung, meiner Einschätzung. Es gelingt mir nicht, mir vorzustellen, dass eine solche Katastrophe möglich ist. Doch das Wissen darum macht mich nervös. Vom Nordgipfel des Nevado Huascaran, dieses freundlichen, alten Berges, brach das Beben damals eine gewaltige Felsmasse ab, die herunterrauschte und sich Platz schaffte. Mit einem Schlag, in endlosen fünfundvierzig Sekunden, wurden Gegenwart und Zukunft ausgelöscht, das Leben verbannt.

Die Totenzahlen für Huaraz schwanken zwischen 10.000 und 20.000. Insgesamt sollen an diesem Tag etwa 70.000 Menschen Opfer der Naturkatastrophe geworden sein. Doch nur die Erde weiß, wie viele Menschen sie wirklich in sich aufgenommen hat. Eine ganze Stadt, die etwa sechzig Kilometer weiter nördlich liegt, wurde mitsamt ihrer 19.000 Bewohner unter einer fünf Meter dicken Schlammschicht begraben. Im alten Yungay, der »Perle der Anden«, blieb keine Straße verschont. Und doch gab es dort 93 Überlebende. Das Schicksal erlaubte sich hier eine besonders grausame Ironie: Die 93 Menschen waren an jenem Sonntagnachmittag auf dem Friedhof, der etwas außerhalb des Städtchens auf einem Hügel liegt. Die Toten retteten ihnen damit das Leben.

Während ich an diesem strahlenden Tag über das wiederaufgebaute Huaraz nachdenke, eine Stadt mit Charme, aber ohne Schönheit, begegnet uns Oswaldo auf der Straße. Die Geschichte lebt noch immer in der Jirón José Olaya. Er führt uns in einen Hinterhof. An einer Hauswand sitzt eine sehr alte Frau. Ihre

gebräunten Hände umfassen einen Gehstock, ihr Hut zeichnet einen scharfen Schatten auf ihre Stirn, die Augen hinter der Sonnenbrille sind geschlossen, und doch bin ich mir sicher, dass sie wach ist. Die Falten eines langen Lebens kräuseln sich um ihren Mund, und die Sonne fällt wärmend auf ihren Schoß. Im Hof blicke ich auf rohe Wände und lose Ziegel. Oswaldos Familie hat das Erdbeben überlebt. Er beschreibt den Tag, an dem die tödliche Lawine wie ein gieriger Dämon seine Welt verschlang. Mit seinen Händen versucht er, die Staubwolke darzustellen, die sich drei Tage lang nicht legen wollte. Ich merke, dass Oswaldo ungeduldig wird, weil es ihm nicht gelingt, uns das Ausmaß dieser Katastrophe zu beschreiben, die Verwirrung, die Panik, das Chaos, die Toten. Er sucht nach Worten, nach passender Gestik und Mimik, um das Bild der Verwüstung heraufzubeschwören – damals, vor fünfundvierzig Jahren.

Doch der Tag ist zu schön, die Luft ist klar und erfrischend und der Berg liegt unschuldig vor uns, als wäre nie etwas gewesen. *Maschallah.*

Im Land der Chachapoya

Kolibris, Mumien und Ruinen

Wir sind auf dem Weg zu den Stätten eines prähistorischen Andenvolks, das zu den am wenigsten verstandenen alten Kulturen Südamerikas gehört. Sein Gebiet erstreckt sich über den nordöstlichen Andenabhang Perus und wird dort vom Nebelwald des Amazonas beherrscht. Dieser Nebel ist ein fester Bestandteil der Natur. Er treibt sich wie ein immerwährender dichter Schleier zwischen den Baumwipfeln umher und filtert das lebenspendende Sonnenlicht, kurz bevor es auf den Boden trifft. Die diffuse, mystische Stimmung, die dabei entsteht, findet sich auch im Namen wieder, den die Inkas diesem geheimnisvollen Volk verliehen haben. Sie nannten sie die Chachapoyas, Nebelkrieger oder Wolkenmenschen.

Die beiden Geländewagen erklimmen einen Pass bei Celendin, der auf 3085 Metern liegt. Wir sind mitten in der Gebirgskette, den Anden, die das Meer vom Regenwald trennt. Auf den verschlungenen, steilen Straßen kämpfen sich die Wagen durch diese beeindruckende, menschenleere Landschaft. Es ist dieser beschwerliche Weg, der das Land der Chachapoyas vom restlichen Peru isolierte und dafür sorgte, dass sich ihre rätselhafte Kultur lange Zeit unabhängig von äußeren Einflüssen entwickeln konnte. Es heißt, dass sich die Chachapoyas hier um etwa 400 bis 500 n. Chr. ansiedelten und die Inkas sie erst um 1475 nach längeren gewalttätigen Auseinandersetzungen unterwerfen konnten.

Unser Ziel für heute Nacht ist Leymebamba. Die Zeitprognosen, die wir in den Dörfern auf der Route erfragen, sind abstrakte Einschätzungen, die uns bald belustigen. Denn je näher wir unserem Ziel kommen, desto mehr Wegstunden sagt man uns voraus. Als wir über die Brücke nach Balsas rollen, sind es nur noch neunzig Kilometer bis Leymebamba. Doch wir werden für diese Strecke noch weitere drei Stunden brauchen. Die Nacht liegt über der kleinen, friedlichen Stadt, als wir sie endlich erreichen. Hier beginnt unsere Reise zu der Kultur einer alten Welt, die von vielen Theorien, Geschichten und Legenden umgeben ist.

Am nächsten Tag frühstücken wir in einem kleinen Gartencafé, das sich perfekt in die Natur einfügt. Unzählige verschiedene Kolibris fliegen an diesem Morgen von einer Blüte zur nächsten. Es ist ein seltener Moment des Ausruhens, Kaffeetrinkens, Genießens. Elegant tauchen diese filigranen Wesen ihre Schnäbel in den zuckerhaltigen Blütennektar, es ist ihre Haupttätigkeit, eine Lebensnotwendigkeit, die aufgrund ihres extrem hohen Energieumsatzes ihren Tag bestimmt. Die kleinen Flügel schlagen blitzschnell, sodass es aussieht, als glitten sie schwebend durch die tropisch-warme Luft.

Dann reißen wir uns los von diesem verträumten Anblick und betreten nur wenig später das menschenleere Museo Leymebamba. Ich weiß, dass in diesem Museum Mumien der Chachapoyas ausgestellt werden, die erst 1996 von Grabräubern entdeckt wurden. Die Ruhestätten wurden geschändet, bei der Plünderung viele für die Forschung interessante Details vernichtet. Doch der tatsächliche Anblick, der sich mir in dem schummrigen Raum bietet, lässt mich innehalten. Ich habe viel gelesen, viel recherchiert. Die Emotionen, die plötzlich in mir aufsteigen, verbargen sich bislang hinter den Fakten und werden erst jetzt, von meiner Gegenwart an diesem Ort, hervorgeholt.

Hinter einer großen Glasscheibe, in einem abgetrennten Raum, kauern die Mumien in einer aufrechten Embryonalstellung in ihrer schaurigen Schönheit nebeneinander. Sie sind unerklärlich menschlich, es sind Individuen, Babys, Kleinkinder, Alte, totlebendige Angehörige der Chachapoyas, die vermutlich, so die Analysen ihrer Kleidung und Grabbeigaben, zur Elite ihrer Gesellschaft gehörten. 219 an der Zahl, verharren sie wenige Meter vor mir auf schlichten Regalböden. Ich blicke in ihre ausgetrockneten Augen. Es sind Obdachlose. Sie wurden ihrer letzten Ruhestätte beraubt und für die Öffentlichkeit zugänglich

gemacht. Ihr Alter wird auf fünfhundert bis tausend Jahre geschätzt. Da sitzen sie nun, zusammengekrümmt und versteinert in der Position, die ihre Konservierer für sie vorsahen.

Gebannt von diesem Anblick erinnere ich mich an den wärmenden Sonnenschein und die bunten Kolibris, die nur wenige

Meter von hier in einer scheinbar anderen Welt leben. Es heißt, die Vögel wären einst mit der Schöpfergottheit Wiraqucha zusammengestoßen und trügen seitdem eine göttliche Macht in sich. In manchen Kulturen Südamerikas bringt der Kolibri die Seele zum Menschen zurück. Während ich vor der Scheibe hocke, den Blick nicht von den Mumien lassen kann, die die Jahrhunderte überdauert haben, die etwas erzählen wollen und es doch nicht können, deren Münder aufgerissen sind und in qualvollen Grimassen sich auszudrücken versuchen, stelle ich mir vor, dass sich die Kolibris hier versammeln, an diesem Ort, um die Seelen der Chachapoya-Menschen aufzuspüren, damit ihre lautlosen Schreie zu einer Geschichte werden. Obwohl ich nicht an Übersinnliches glaube, ist diese Annahme versöhnlich, denn die Kolibris sind nicht die Einzigen, die die Seele zurückbringen wollen. Meine Reisegefährten und ich haben die gleiche Absicht und werden ebenfalls scheitern. Die Geschichte lässt sich nicht so einfach rekonstruieren, zu viele Scherben sind verteilt worden, zu viele Ungereimtheiten verkleben die Sicht. Doch vielleicht ist es in Ordnung. Manchmal darf ein Rätsel ungelöst bleiben und eine Geschichte lückenhaft.

Still und erhaben liegt die alte Festung der Chachapoyas auf einer Bergkuppe. Sie ist so abgelegen und mit der Natur verwachsen, dass ihre Existenz über zwei Jahrhunderte in Vergessenheit geraten war. Der Zugang zu der Ruine ist beschwerlich, das Auto müssen wir abstellen und die letzten Kilometer zu Fuß zurücklegen. Obwohl der Weg zeitweilig mit Stegen und Steinen befestigt ist und sich damit für eine glänzende Zukunft voller Touristen wappnet, sind wir wieder einmal allein. Mein Blick schweift über das Tal des Flusses Utcubamba, der Himmel ist verhangen und ein leichter Dunst liegt über den Hügeln. Er verschleiert den Horizont und verfängt sich schließlich in den unzähligen Aufsitzerpflanzen, die an den Bäumen hängen. Sie lösten sich einst vom Erdboden, um näher ans Licht zu rücken. Ihre Farben schmücken jetzt die spärlichen Bäume auf dieser Höhe. Dunkelrote Bromelien stechen wie blutige Auswüchse vom Geäst in alle Himmelsrichtungen. Orangene und gelbe Flechten überziehen die braune Rinde, die nur gelegentlich noch durchschimmert. Die Baumbartflechten wehen leicht im Wind wie Pionierfahnen auf der Spitze eines Berges.

Wir erreichen Kuelap von der Südseite her. Zwanzig Meter hohe Mauern ragen vor uns auf, und als die Chachapoya-Festung vor uns liegt, werden mir erst ihre erstaunlichen Ausmaße bewusst. Da der Weg endet, stapfen wir auf der moosigen, leicht feuchten Wiese an der Steinmauer entlang, die sich vor uns auf dem Bergrücken über eine Länge von 580 Metern erstreckt. Die Gespräche sind verhallt, der Wind treibt die Wolken vor sich her. Dann finden wir einen Eingang in den geheimnisvollen Kern der einstigen Stadt. Auf beiden Seiten bin ich nun von schweren Mauern umgeben, sie weisen mir die Richtung. Auf den alten Treppenstufen finde ich Einkerbungen von Lamahufen, die früher einmal Lasten durch diesen Eingang brachten. Mein Fuß überdeckt die alten Abdrücke nur kurz. Gegenwart und Vergangenheit vermischen sich hier, frisches Gras wächst in den uralten Steinritzen. Schritt für Schritt durchbreche ich die Zeitgrenzen, steige höher hinauf, bis mich die Mauer umschließt und alles nur noch aus der rätselhaften Welt besteht, deren Geschichte schon verblasst ist.

Im Herzen der Festung liegen die zerschundenen Mauerreste, die einst die Grundlage der Behausungen bildeten. Organismen,

Pflanzen, Menschen, Geister, der Wind, die Zeit, das Leben: Sie alle sind Variablen, die das Überdauern erschweren. Sie hinterlassen nur Fragmente, einen alten Decknamen etwa, den selbst die Inkas nicht richtig verstanden. Chachapoya-Menschen, Chachapoya-Land. Wie haben sie gelebt? Woher kamen sie? Wohin gingen sie? Die Fragen fallen auf die Erde herab, sie warten auf Archäologen, Ethnologen, Politiker, Liebhaber, Könige, Richter, Hochstapler, Dokumentarfilmer, die sie liebevoll betrachten, aufnehmen, umherreichen, um sie dann doch wieder dort fallen zu lassen, wo sie sie gefunden haben, im Staub. Das Rätsel wird weitergesponnen, der Mythos lebt, und Kuelap ist sein pochendes, pulsierendes Herz. Hier im Umkreis gebe es unzählige unerforschte und unentdeckte Orte historischen Interesses, sagen die Experten und füttern damit den Koloss.

Vorsichtig streicht meine Hand über ein kreisrundes Gesicht aus sandfarbenem Stein. »Wer bist du«, frage ich, doch es starrt mit seinen aufgerissenen Augen nur zurück. Es ist Teil des Gebäudes von Kuelap – von El Tintero, dem Tintenfass, einem runden Bauwerk, das sich nach unten hin verjüngt. Die Theorien versammeln, kondensieren, überschlagen sich hier. Vielleicht war es ein Observatorium, vielleicht war es eine Folterkammer. Raubtierknochen liegen im Innern, durch kleine Öffnungen ergibt das hineinströmende Licht an bestimmten Tagen ein präzises Muster. Was ist Zufall, was ist Wahrheit?

Wie in Trance gleite ich, im Selbstgespräch versunken, über die verschiedenen Ebenen der alten Siedlung. Lamas kreuzen meinen Weg. Und plötzlich stehe ich am höchsten Punkt der Festung, am imposanten südlichen Ende. Der eisige Wind auf dieser Höhe fegt durch meine warme Kleidung hindurch, und obwohl ich friere, gefällt mir das Rauschen in meinen Ohren. Ein dunkler, schwerer Wolkenvorhang überzieht die Landschaft. Die sinkende Sonne kämpft sich ein letztes Mal an diesem Tag hervor, wärmt mir liebevoll den Rücken und wirft den Schatten Kuelaps auf die Berge vor mir.

Und dann ist es so weit. Die Magie des Ortes türmt sich auf zu einem krönenden, impulsiven Abschluss. Als täuschten mich meine Augen, erscheint zunächst ein zartes Rot. Ein Hauch von Grün, von Blau, von Gelb schwebt durch den Dunst des Nebelwaldes, der über dem Tal aufsteigt. Ich blinzele. Die Farben werden intensiver, leuchtender, kräftiger. Sie vereinen sich für einen Moment der Vollkommenheit und bilden einen Regenbogen. Er spannt sich über das Tal, in dem die Kolibris, die Lichtbringer und Nektarsammler, unermüdlich fliegen und suchen. Und wie ich hier stehe und diese elektrisierende, aufgeladene Stimmung an mich reiße, sie aufsauge und aufbewahre, sehe ich mich selbst, so winzig klein, auf den Trümmern der alten Welt, diesem zauberhaften Ort. Ich sehe mich in einem Bild von Caspar David Friedrich, denn auch ich bin ein Wanderer, ein Suchender über dem Nebelmeer.

Die letzte Stadt liegt hinter uns, und noch immer fahren wir weiter gen Norden. Meine Füße baumeln von der Ladefläche des Geländewagens, ich liege bei den Gepäckstücken und winke Menschen zu, die mich aus der Ferne begrüßen.

In Chachapoyas gesellten sich Felipe und seine erwachsene Tochter Susan zu uns. Sie werden uns auf dem Weg in den Regenwald begleiten und uns helfen, einen Kontakt mit den Bewohnern des Dorfes herzustellen, in dem Felipe geboren wurde. Felipe verließ seine Heimat als junger Mann und kehrt nun nach Jahrzehnten mit uns erstmals wieder zurück. Sein Gesicht ist gutmütig und immer noch jung, sein Körper klein und zart. Obwohl die beiden unsere Fremdenführer sind, werden wir Zeugen ihrer Familiengeschichte. Ein Vater zeigt seiner Tochter den Ort seiner Kindheit, die Sprache, mit der er groß geworden ist. Für uns ist es nur eine Geschichte, für ihn ein Teil seiner Identität.

Die Wagen fahren durch kleine Dörfer mit türkisen Hauswänden, der Staub der Straße zeichnet unseren Weg in die Luft, wie der Kondensstreifen eines Flugzeuges am Himmel. Männer verfrachten Vieh auf die Ladefläche eines Lasters, wir müssen warten, die Tiere flüchten immer wieder vor den Händen, die sie vorwärtstreiben. Ein Regenbogen schwebt vor dunklen Wolken über die Landschaft. Reisbauern stehen knöcheltief in überschwemmten Reisfeldern, ein Mann schiebt einen verrosteten Handtraktor über ein Feld. Ihm folgen auf einer unsichtbaren Spur Dutzende Reiher.

Wir dringen in unbesiedelte Gegenden ein, die Vegetation wird üppiger, die Luftfeuchtigkeit höher, die Kälte ist eine blasse Erinnerung an längst vergangene Zeiten. Endlich sind wir wieder mittendrin, im Regenwald. In dieser Region leben viele Ethnien, die einst dafür bekannt waren, dass sie Trophäen aus den

Köpfen ihrer getöteten Feinde herstellten, sogenannte Schrumpfköpfe. Auf diese Weise sollte die Kraft des Toten auf den siegreichen Krieger übergehen. Weder die Inka noch die Spanier konnten die Menschen in dieser Region unterwerfen. Besondere Grausamkeit wurde ihnen zugeschrieben.

Geschichten verfangen sich im Dickicht und werden weitergetragen, von Dorf zu Dorf, von Händler zu Käufer, von Wanderer zu Gastgeber. Das gesprochene Wort hat hier die Macht, es lebt, breitet sich aus und verändert sich beim Erzählen. Geschichten werden zu Gerüchten, Mysterien, Legenden. Und so bezahlen wir schließlich den geforderten Wegzoll, als uns an einer Straßensperre zwei selbsternannte Patrouillen mit Gewehren gegenüberstehen und erklären, dass sie die Straße beschützen, auf der es so viel Gewalt, so viele Überfälle gibt. Sie können nichts Genaueres sagen, nur Geflüster, aber dass sich die Gewalt hier ausbreitet, steht fest. Geldscheine wechseln den Besitzer. Die Schnur wird gelöst, der Holzbalken hebt sich, wir fahren unter der mickrigen Schranke hindurch und blicken nicht zurück. In dieser Gegend sind wir der Feind, wir wissen es nur noch nicht.

In der Dämmerung erreichen wir den Hauptplatz des Dorfes Puerto de Imaza – auch Imacita genannt. Das Dorf wird lebendig, kurz bevor die Nacht anbricht. Über einem Stromkabel hängen zwei zusammengebundene ausgelatschte Turnschuhe. Ein mildes Lüftchen weht vom Fluss herüber, den ich hinter einem Haus mit nackten Wänden entdecke. Es ist der Río Marañón. Jugendliche spielen mit einem Ball, streunende Hunde laufen umher, ein Mann verstaut Kisten auf dem Dach eines Busses, kleine Kinder tanzen vor einem Geschäft an der Ecke. Das Knattern der dreirädrigen Mototaxis und die dudelnde Straßenmusik geben dem Ort so viel Leichtigkeit, dass ich für einen Moment glaube, die Menschen atmeten die Unbeschwertheit mit der Luft ein. Ich mache einen Spaziergang durchs Dorf. Es wird schnell dunkel, doch ich habe sieben Freunde an der Hand. Sie sind zwischen fünf und acht Jahre alt und zeigen mir die wichtigsten Plätze entlang der kleinen Straße. Während ich mit den Kindern durch die Straßen renne und eines mir stolz vorführt, wie es seine neuen Gummistiefel sogar falsch herum tragen kann, fährt Filippo mit Susan und Felipe über den Fluss. Dort, auf der gegenüberliegenden Seite, vielleicht nur knapp zweihundert Meter von mir entfernt, ist die Welt ein wenig anders. Der Río Marañón trennt Imacita von einem Dorf, das nicht mit dem Auto zu erreichen ist. Als ich mit den Jungen am Ufer stehe, die kleinen Schlammstraßen haben wir längst abgelaufen, sehe ich hinter dem langsam fließenden Fluss keine Lichter. Hin und wieder findet ein schwacher Schimmer den Weg durch die Nacht, doch vielleicht bilde ich es mir auch nur ein. Sieben kleine Jungen fordern meine Aufmerksamkeit. Ich lache viel und verabschiede mich, als der Strom ausfällt.

Felipe wird in dieser Nacht erkennen, dass er auf der anderen Seite des Flusses, die er Heimat, Herkunft, Ursprung nennt, nicht willkommen ist. Es gibt keine Rückkehrer, es gibt nur Verräter, sagt ihm der Anführer des Dorfes in einer Hütte im Kerzenschein. Das Leben an diesem Ort folgt anderen Regeln. Obwohl Felipe seine Sprache spricht, sind seine Worte, seine Bemühungen wertlos. Auf die Taten wird geachtet. Der alte Mann kann ihm nicht verzeihen, dass Felipe seine Heimat für ein anderes Leben verließ. Und er versteht nicht, warum er ausgerechnet Fremden erlauben sollte, eine Geschichte über ihn zu erzählen. Zu oft wurde er enttäuscht, zu oft machten Politiker Versprechungen

und nahmen nur, anstatt zu geben. Der Staat, in dem seine Gemeinschaft lebt, ist sein Feind geworden. Also ist sich der Mann sicher: Die Weißen sind Spione der Regierung! Der Folgeschluss: Sein Dorf wird bedroht!

Ich stelle mir vor, wie der zarte Felipe in der Weite der Nacht die Schultern hängen lässt, sein Blick zu Boden sinkt. Schwer drücken die Worte des Mannes auf seine Seele. Wie oft hat sich Felipe, vor Glück und Neugier strahlend, den Tag seiner Rückkehr vorgestellt? Heimat, was ist das eigentlich? Susan sieht ihren verstoßenen Vater traurig an, Filippo versucht durch Freundlichkeit Meinungen zu ändern. Doch die Gemeinschaft greift bereits zu Knüppeln und drängt die Eindringlinge zum Fluss zurück. Fliehen oder Kämpfen – das sind die Optionen. Mit Hilfe einer Taschenlampe malen die drei Unglücklichen ein Zeichen in die Luft. Ein Boot kommt nach quälenden Minuten des Wartens über den Fluss und trägt sie wieder auf die andere Seite, nach Imacita.

Die Beziehung zu diesem Ort lässt Felipe am Ufer zurück. Ein Stück seines Selbstverständnisses wurde ihm in dieser Nacht geraubt. Die Sprache seiner Mutter wird er nie wieder benutzen, eine Heimkehr ist ausgeschlossen. Der Ort, der für ihn Heimat bedeutete, ist so winzig klein, dass er noch nicht einmal auf einer Karte existiert. Und doch spürt der Mann die Verbannung, die ihm auferlegt wurde. Diesmal geht er nicht freiwillig. Fortan lebt er im Exil.

Erst am nächsten Morgen redet er wieder.

Der verhangene Himmel senkt sich auf die Erde herab. Im strömenden Regen fahren wir in einem schmalen Holzboot auf dem Fluss entlang, der die Welten trennt. Kleine Kinder verstecken sich vor dem Regen im Gebüsch, andere laufen nach Hause. Ein Mann schwankt mit seinem Einbaum an uns vorüber, er kennt diesen Regen. Wir sind in Bewegung und abgeschieden von fremden Ohren. Felipe hat in der Nacht Geschichten gesammelt, die ihm die gestrigen Ereignisse verständlicher machen. Er spricht durch den Regen hindurch. Er erzählt von der Regierung, dem Feind, der mit Ausländern verhandelt und die natürlichen Ressourcen dieser Region verkauft. Gold und Öl wurden hier gefunden, Kostbarkeiten, die den Dorfbewohnern zum Verhängnis werden. Er erzählt von bewaffneten Soldaten, die herkommen und die Menschen wie Terroristen, wie wildes Vieh behandeln. Wütend kneift Felipe die Augen zusammen. Die Menschen können sich nicht wehren, Feinde werden schon lange nicht mehr gejagt, Schrumpfköpfe nicht mehr hergestellt.

Die Regierung hat die Macht. Sie nimmt sich das Land ganz einfach, sie zerstört Lebensraum, um es Leuten zur Verfügung zu stellen, die die Rohstoffe abbauen. Felipe zeichnet ein scharfes, kontrastreiches Bild. Die Grenzen sind klar abgesteckt. Es gibt Eindringlinge, die das Land plündern, und Einheimische, die die Ressourcen seit Jahrhunderten nachhaltig nutzen und mit der Natur in Einklang leben, anstatt sie zu dominieren. Doch auch die Schatzsucher sind Menschen, die ihre Familien ernähren wollen. Vielleicht ist es schwer, zwischen Richtig und Falsch zu unterscheiden, wenn die Menschen sich täglich auf ihr eigenes Überleben fokussieren müssen. Und noch schwerer wird es, wenn es auch noch einen Markt gibt, der nach Öl und Gold fragt. Das bin am Ende auch ich. Die Frage nach dem Bösewicht ist nicht immer leicht zu beantworten und Schuld – ein großes Wort – nicht immer leicht zu verteilen. Doch die Rohstoffe sind nicht die einzigen Schätze im Dschungel.

HOS

Der Regen peitscht gegen mein Gesicht. Das Geflüster geht weiter. Vor einem Jahr verschwanden Kinder. Manche wurden getötet. Weiße kamen, Menschen wie wir. Sie waren auf der Suche. Diese Weißen klopften an die Schultüren, redeten mit Kindern, ganz unbedarft. Wo kommt ihr her? Wer passt auf euch auf? Wann beendet ihr die Schule? Auf die Fragen folgten Antworten. Auf Antworten folgte eine Auswahl. Sie entschied über Leben und Tod. Manche der Kinder verloren ihre Organe. Die Spuren verwischen sich im Grün des Waldes allzu gut. »Ich glaube, die Menschen haben euch gestern in meinem Dorf mit diesen Weißen verwechselt«, beendet Felipe seine Geschichte.

Als wir wieder in Imacita anlegen, wissen wir, was zu tun ist. Wir packen unsere Sachen und verlassen das Dorf. Die Jungen vom Vortag präsentieren stolz einen kleinen Fisch, den sie selbst gefangen haben, und zupfen an meinem T-Shirt. Ich stelle keine Fragen mehr. Fragen sind verdächtig. Wir fahren los, so weit, wie wir können.

Chiclayo

Die Fischer von Santa Rosa

Schneebedeckte Andengipfel und undurchdringlicher Dschungel, Wasserfälle, tiefe Schluchten und steile Hänge, verlassene Ruinen, Schlammpisten, Pässe, sich windende, verschüttete und lebendige Straßen sind in weiter Ferne. Vor mir gibt es jetzt nur noch eine einzige, rauschende, zischende, murmelnde Fläche – das Weltenmeer. Wir sind in Santa Rosa angekommen, einem kleinen Fischerort bei Chiclayo. Um uns herum liegen Sandberge, Wüste erstreckt sich an der Westküste Südamerikas über tausend Kilometer von Chile bis nach Peru. Das Salz prickelt in der Nase, der Geruch ist wichtig. Er harmoniert mit dem Anblick der Weite, der eine anziehende Wirkung auf mich hat. Es ist diesig, das Meer und der Himmel sind grau, der Horizont verschwimmt. Die Atmosphäre macht den Moment irgendwie gemütlich.

Dann blicke ich auf die tosende Gischt, auf die Menschen, die sich am Strand versammelt haben und auf die riesigen Wellen starren. Der Sand knirscht unter meinen Schuhen, als ich näher trete. Dort, zwischen gewaltigen Brechern, schwappt ein Boot hin und her, es hat sich verheddert. Meterhoch schlagen die Wellen gegen den Bug, spielen mit ihm. Menschen klammern sich an Holzbalken fest, einer geht über Bord, die anderen ziehen ihn wieder aus dem Wasser. Die Fischer sind halbnackt, einer hat sein rotes Shirt ausgezogen. Es blitzt zwischen dem Nebeldunst hervor und wird zur Fahne. Hektisch und mit ausgestreckten Armen winkt der Fischer zum Strand herüber.

Das Meer macht mich glücklich, weil ich nicht von ihm leben muss. Ich bin nicht auf seine Milde angewiesen, ich werde nicht von seiner Willkür bedroht. Das Meer ist eine gefühllose Masse. Es erschuf das Leben, es nimmt das Leben, ohne Anteilnahme. Es schenkt mir das Gefühl von Freiheit, weil es ein Konstrukt meiner Fantasie ist – das ist das ganze Geheimnis. Starren und Stehen sind alles, was ich hier tun kann. Die Menschen am Strand werden unruhig. Ein Vater mit einem kleinen Kind auf den Schultern erklärt mir, dass der Motor des Bootes kaputt sei. Die Wassermassen kippen das Boot jetzt in eine beinahe senkrechte Lage, es ist kurz vorm Kentern. Die nächste Welle rollt heran und spült die Fischer ein Stückchen näher an den Strand heran. Sie werfen nun Seile ins Meer. Ein paar Mutige laufen dem ungezähmten Boot entgegen. Ich hoffe, dass es sie nicht begräbt, so wild werden Schiff und Menschen in der Wellenwut herumgeschleudert. Selbst in dieser Situation wollen die Fischer nicht nur ihr eigenes Leben, sondern auch ihr Boot und den Fang retten, den sie so mühsam eingeholt haben. Sie werden ihn dringender brauchen als sonst. El Niño, das Christuskind, hat sich angekündigt, ein beunruhigendes Klimaphänomen, das alle paar Jahre zur Weihnachtszeit die Strömungen des Pazifiks verändert und für die peruanischen Fischer existenzbedrohend ist. Für gewöhnlich treibt der kalte Humboldtstrom die Wassermassen und damit auch die Fischschwärme vor der südamerikanischen Westküste von Süden nach Norden. In El-Niño-Jahren jedoch wird der Humboldtstrom abgeleitet, die Gewässer erwärmen sich, und in der Folge bricht ein komplettes Nahrungsnetz zusammen. Eine Kettenreaktion wird in Gang gesetzt: Zuerst sterben die planktischen Algen ab, dann bleiben die Fischschwärme aus, die Katastrophe bahnt sich an. Die Fischgründe Perus zählen zu den ertragreichsten weltweit, das Land ist die zweitgrößte Fischereination. Damit hat dieser Exportzweig eine enorme Bedeutung für die Wirtschaft.

Ein Mann hat es mit einem Seil an den Strand geschafft. Sogleich beginnen unzählige Männer daran zu ziehen. Das Boot und der Fang kommen allmählich näher, die Menschenkette vor mir verkörpert eine berührende Gemeinschaft. Die Kräfte vereinen sich im Seil. Jeder bindet sich an das Schicksal, das alle Fischer miteinander teilen. Wenn sie nicht aufpassen, bleiben sie im Meer. Ich frage mich, welchen Ängsten sich die Fischer stellen müssen. Sie geraten in einen Sturm und fahren am nächsten Tag doch wieder auf See hinaus, weil sie nicht hungern wollen.

Das Boot erreicht endlich den Strand, sogleich wird die Fracht in Sicherheit gebracht. Die Männer springen von Bord. Sie werden zu Bären, ich kann keine Angst erkennen. Sebastian, der Kapitän, hat ähnliche Situationen schon zu oft erlebt. Er ist verärgert, dass sein Motor kaputt ist, aber eine Auseinandersetzung mit dem Tod führte er nicht. Angst im Alltag ist nicht förderlich.

Als der Fang verstaut ist und die Fischer den Strand verlassen haben, entdecke ich einen alten Mann, der mit einem Eimer, gefüllt mit Fischabfällen, Richtung Meer schreitet. Ein Möwenschwarm begleitet ihn. Er weiß, dass die Möwen auf ihn warten, nur seinetwegen hier sind. Fast zeremoniell entleert er den Eimer im Meer. Das Wasser umspült seine Waden, gräbt seine Füße tiefer in den Sand hinein. Der alte Mann breitet die Arme aus und verweilt für einen kleinen, aber bedeutenden Moment in den niedrigen Wellen, während die Möwen über seinem Kopf kreisen, ganz nah. Vielleicht teilen er und ich das Gefühl, das wir beim Anblick des Ozeans haben. Es ist ein Privileg, dass ich die Freiheit im Meer suchen darf.

Die Panamericana führt uns durch den Sand hindurch in die Stadt, die an einem sonnigen Freitag im Jahr 1535 vom spanischen Eroberer Francisco Pizarro gegründet wurde. Er konnte zu diesem Zeitpunkt noch nicht ahnen, dass seine neue Stadt nur drei Monate später für ein halbes Jahr in einem nässenden Küstennebel verschwinden würde, für den es eine eigene Bezeichnung gibt: Garúa. Dieser omnipräsente Dunstschleier klebt auch jetzt über Lima – eine dampfende, weiße Masse, die der Romancier Alfredo Bryce Echenique mit dem Leib eines toten Wales verglich.

Ich lehne an einer Brüstung. Sie glänzt und ist kalt. Ich stehe auf einer Aussichtsplattform des in die Klippen gebauten Einkaufszentrums Larcomar und blicke auf schicke Bars und teure Geschäfte. Das süße Nichtstun, Flanieren, Shoppen sind Bestandteile des Lebens im wohlhabenden Viertel Miraflores, hier haben die Menschen Geld zum Ausgeben. Miraflores ist eine Enklave, abgeschottet vom restlichen Peru.

Lima ist die letzte Station auf meiner Reise mit dem italienischen Filmteam. Ich bin nicht vorbereitet auf die Metropole, auf das Verschwinden des Abenteuers zwischen Häuserschluchten, gut gekleideten Menschen und kulinarischem Angebot.

Ich weiß, dass ich meine Gefährten, mit denen ich nun viele Wochen reiste, arbeitete und lachte, wahrscheinlich nie wiedersehe. Unsere Wege trennen sich. Mir fällt es schwer, das Leben als eine Aneinanderreihung vieler Momente zu verstehen, in denen Gewohnheiten entstehen und sich wieder ändern.

Lima gleitet an mir vorüber, der bevorstehende Abschied trübt meine Stimmung. Wir schlendern durch verschiedene Stadtviertel, wir nehmen Surfstunden in den legendären Wellen Limas, wir erleben eine Evakuierungsübung im Stadtzentrum für den Fall eines Erdbebens. Wir schlemmen uns durch die Fusionsküche, für die Lima so bekannt ist.

Der Tag kommt, an dem kein Weg vorbeiführt. Am Flughafen sage ich Lebewohl, zu jedem Einzelnen, und meine es auch so. Diese hässliche Stadt, mit ihrem toten Walkörper als Himmel, ist eine gute Stadt für Traurigkeit.

Ich gehe noch einmal durch Lima, diesmal allein. Ich starre in die Gegend, nichts erweckt mein Interesse, alle Neugier ist aufgebraucht. Dann bringe ich meine Sachen in ein Hipster-Hostel. Das Internet dort ist stabil, zumindest in der Küche. Drei Tage schließe ich mich ein, ich schreibe den Text für die Dokumentation zu Ende und schicke ihn nach Italien. Mein Job ist erledigt, die Zeit in Peru verstrichen. In diesem Land werde ich keine Geschichten mehr finden.

Lima gibt sich Mühe, doch wir werden keine Freunde. Ich setze mich in einen Überlandbus und ertrage die Filme Taken eins bis drei in furchtbarer Lautstärke, während ich nach La Paz zurückfahre, zum Illimani, zum ewigen Begleiter.

Peru
Route
Hauptstraßennetz
150 Kilometer

Titicacasee
La Paz
Bolivien
Cochabamba
Sucre
Potosí
Uyuni
Chile
Provinz
Sur Lípez

Cochabamba & Tarata

Zurück in Bolivien

Ich bin noch immer unterwegs. Doch die Rückkehr nach Bolivien fühlt sich wie eine Heimkehr an, obwohl ich hier kaum mehr Zeit verbrachte als in Peru. Ich muss mir nun wieder selbst eine Aufgabe suchen, meine Zeit einteilen, umherreisen oder bleiben. Als ich in La Paz ankomme, wird mir bewusst, dass sich das Gefühl der Heimkehr auf einen bestimmten, anderen Ort bezieht. Also nehme ich am nächsten Tag den Bus nach Cochabamba und löse ein Versprechen ein. Jesus und *la familia* warten schon.
Mein Deutschsein bleibt an mir haften, als ich mich über das Chaos am Umzugstag wundere. Es gibt keine Kisten, nur Tüten, ein paar. Es gibt die Rückbank eines Autos und Hände, die die schweren Möbelstücke von einer Wohnung in die andere tragen. Ganz langsam schaffen es die meisten Habseligkeiten in das neue Domizil, in dem ich wieder ein Zimmer beziehen darf. Die Dinge, die zwischen den Tüten, Päckchen, der Straße und dem Innenraum des Autos verschwinden, werden nicht vermisst. Dann beschließt mein Körper, krank zu werden, und ich habe das Glück, Menschen um mich zu haben, die sich um mich kümmern.

Es ist Sonntag und Jorge erklärt, es sei Zeit für einen Ausflug. Er ist nicht müde geworden, mir sein Land zu zeigen, wir fahren nach Tarata. Er liebe diese Stadt, sagt er, während seine Hände die Kamera festhalten und sein Blick aus dem Fenster des Busses in die Ferne wandert. Als wir Tarata erreichen, schlägt mir die Pracht eines verlassenen alten Städtchens entgegen. Es sollen knapp viertausend Menschen hier leben, und doch könnte der von riesigen Palmen und kolonialen Bauten gesäumte Hauptplatz weitaus mehr Menschen beherbergen. Die Atmosphäre an diesem Ort ist besonders, nicht nur wegen seiner Schönheit. Ich beobachte die Straßen und erkenne die subtilen Gegensätze, die bei genauerer Betrachtung hervortreten. Verzierte Holzbalkone werden von Stromleitungen umgeben, um die sich Vogelnester gewunden haben. Große Kakteen wachsen auf alten Dachziegeln und beweisen, dass ihnen ein Platz an der Sonne genügt. Kleine Rosenbeete werden von Unkraut überwuchert und von einem filigranen weißen Metallzaun vor möglichen Zerstörungen beschützt. Auf einem an einer Palme befestigten Schild steht: »Ein Baum ist unser intimster Kontakt zur Natur«. In dieser Stadt halte ich es für möglich, dass für jeden Bürger eine Palme gepflanzt wurde. Überall stehen leere Bänke, auf der Straße werden keine Leckereien verkauft, wir müssen danach suchen. Pompöse Kirchen sind über den Ort verteilt und bleiben verlassen. Die Bewohner verlieren sich in den Gassen, und das Gefühl einer herrlichen Idylle überkommt mich.

In einer Seitenstraße läuft uns ein Hund zu. Es ist der Anflug von Sympathie, die der Hund gegenüber einem Menschen verspürt, anders kann ich mir dieses Phänomen nicht erklären. Die Stunden, die wir in Tarata verbringen, bleibt er an unserer Seite. Er begleitet uns in die Kirchen, über staubige Straßen, in den Hinterhof eines Straßenimbisses. Er stolziert an anderen streunenden Hunden vorbei und wartet im Schatten auf mich, während ich auf eine Brücke starre, die mitten auf der Straße steht. Sie ist Beweis des verrückten Präsidenten Mariano Melgarejo, der Bolivien von 1864 bis 1871 regierte, sagt Jorge. Bisher brachte Tarata drei Präsidenten hervor – so wenig Menschen und so viel Qualität, könnte man meinen. Doch aus der Regentschaft Melgarejos lassen sich besonders amüsante Legenden spinnen. Auf dem Höhepunkt seines Wahnsinns soll er eine riesige Fläche

toma lo bueno.
toma lo bueno.
Coca-Cola

Land an Brasilien für eine Gegenleistung vergeben haben, die er als prächtiges weißes Pferd beschrieb. Damit die Hufe des Tieres nicht nass wurden, wurde diese Brücke, die vor mir in der Sonne auf einer verstaubten Straße liegt, über einen Fluss gesetzt.

Eineinhalb Jahrhunderte nach seinem Tod zirkuliert die Geschichte, dass Melgarejo 1870 im Deutsch-Französischen Krieg die Stadt Paris, die er aufgrund ihrer Eleganz bewunderte, mit seiner Armee unterstützten wollte. Auf den Hinweis seines Generals, dass die Armeen den atlantischen Ozean überqueren müssten und Frankreich ewig auf die Unterstützung warten würde, soll Melgarejo ihm wütend entgegnet haben, dass sie natürlich die Abkürzung durch den Busch nehmen würden. Dem Übel musste ein Ende bereitet werden, also wurde Melgarejo ein Jahr später umgebracht.

Eine Frau sitzt strickend im Schatten und ein Ball fliegt durch die Luft, als wir zur Bushaltestelle zurückkehren. Ich streiche dem Hund ein letztes Mal über den Kopf. Er scheint zu wissen, dass der Bus Abschied bedeutet. Er wartet, bis wir abfahren und ich ihn durch das Fenster nicht mehr sehen kann.

Die Tage in Cochabamba sind herrlich. Eines Morgens schreibe ich einem nahezu Fremden, den ich Jahre zuvor auf einer thailändischen Insel getroffen habe, ob er gerade in Bolivien sei, seine Fotos im Internet würden danach aussehen. Wir stellen fest, dass wir nicht nur im gleichen Land, sondern auch in der gleichen Stadt sind. Noch am selben Abend treffen wir uns in einer Bar und wundern uns über diese Begegnung. Eine Woche verbrachten wir damals gemeinsam am Lonely Beach auf Koh Chang in Thailand. Ich erlebte mit meiner Freundin das größte Klischee des Phänomens Backpacking: Abend für Abend jammten wir am Strand mit Menschen, die wir nicht kannten. Wir klopften auf Pringlesdosen, wir schlugen mit Holzstöcken auf Konserven, wir schnipsten und klatschten. Daan hatte eine Gitarre dabei und war vielleicht der Einzige mit echtem Talent. Im Rausch der Ferne hörten sich die Rhythmen und Töne verheißungsvoll an, das Bier schmeckte sandig und irgendwie auch nach Freiheit, während die Sonne dem Meer einen goldenen Glanz verlieh, bevor sie darin versank. Und obwohl der Kitsch nicht schlimmer hätte sein können, waren es diese unbeschwerten Tage – vielleicht weil es meine erste Rucksackerfahrung war, die mich so sehr für diese Art des Reisens begeisterten.

In der Bar im Herzen Cochabambas diskutieren wir nun über Bolivien, über den Kontinent, über das Reisen und das Leben. Wir teilen Gedanken, Dummheiten und besondere Erlebnisse, wir gestikulieren, trinken erneut Bier, machen ein Foto für alle, die damals mit uns am Lonely Beach waren, und lassen sie an diesem wilden Zufall teilhaben. Ich merke, wie wertvoll jene Erinnerungen sind, wie sie mich im schummrigen Licht der Bar einfach nur glücklich machen, und taste nach meinem Kettenanhänger, den ich damals am Strand in Thailand von einer alten Frau erwarb und seitdem nur selten ablege.

In der Tiefe der Nacht trennen sich unsere Wege wieder. Bis zum nächsten Mal. Vielleicht in einem anderen Land, vielleicht auf einem anderen Kontinent.

Als ich am Tag darauf erwache, beschließe ich, Cochabamba zu verlassen. Ich will wissen, ob ich allein klarkomme.

Sucre

Geborgen in der Welt

Warum reise ich nach Sucre, obwohl mir schöne Städte gar nicht liegen? Es gibt keine gute Antwort auf diese Frage. Ich muss feststellen, dass meine Unabhängigkeit Grenzen hat. Es ist nicht meine Entscheidung, in die weiße Stadt zu fahren. Der Reiseführer zwingt mich dazu. Ich kann mich den Lobeshymnen nicht widersetzen, obwohl ich nur mäßiges Interesse verspüre.
Die Stadt empfängt mich schreiend, weil ich im Schlafbus tatsächlich schlafe und zu spät merke, dass alle anderen Passagiere bereits ausgestiegen sind. Der Fahrer ruckelt noch immer an meiner Schulter, als ich schon halb stehe. Er erzählt mir, dass wir schneller durchgekommen seien, und schiebt mich auf die Straße, nachts, um drei.
Es ist vielleicht das einzige Mal auf Reisen, dass ich mich darüber ärgere, zu früh anzukommen. Ein paar Gestalten kauern auf dem kalten Stein des Busbahnhofs, sie warten auf den Tag. Ich finde ein Auto, das mich zu einem Hostel bringt. Dort darf ich bis zum Sonnenaufgang beim Gepäck schlafen.
Vormittags gehe ich halbherzig durch die Straßen, ich suche die Gebäude und Plätze, die im Reiseführer erwähnt werden. Dieses Programm gibt mir Halt, weil ich allein bin. Weiß getünchte Wände brennen in den Augen, reich verzierte Türmchen, Rundbögen und Kirchturmspitzen prägen das Stadtbild. Gepflegte Plazas, hübsche Beetanlagen und antik aussehende Parkbänke funkeln wie kleine Oasen zwischen den Häusern hervor. Die Stadt ist Weltkulturerbe und erhielt ihr Gesicht von den Spaniern, sie ist ein wahrer Schatz ihrer Kolonialarchitektur. Der Name hingegen wurde ihr erst 1825 zu Ehren des Freiheitskämpfers Antonio José de Sucre verliehen, der ein Jahr später Präsident der neuen Nation Bolivien wurde. Wieder laufe ich durch eine Stadt, die zwar hübsch anzusehen, doch sehr unnatürlich ist.

Als die Schatten länger werden und die Gassen abkühlen, steige ich zum Kloster La Recoleta hinauf. Kinder spielen zwischen den unzähligen Arkaden, Verkäuferinnen hocken neben ihren ausgelegten Waren, eine Frauengruppe übt auf dem großen Platz des Klosters einen Tanz zu einer Musik, die vielleicht nur für diesen Ort komponiert wurde, und die Sonne wandert dem Horizont entgegen. Auf einer kleinen Terrasse trinke ich einen Kaffee, warmer Wind weht um mein Gesicht, und ich überblicke das Dächermeer einer der schönsten Städte Südamerikas. Sie sprießt unter mir aus der Erde, und trotz der friedlichen Atmosphäre bin ich in diesem Moment nicht wirklich glücklich. Mein Körper ruht. Die Freiheit, die sich vor mir ausbreitet, wird zur Orientierungslosigkeit. Die Gegenwart ist unterschwellig bedrückend, so ganz allein.

Happiness only real when shared, lautet der verstümmelte Satz des Abenteurers Christopher McCandless, der jeden Soloreisenden begleitet, ob bewusst oder unbewusst. Der Satz ist von so immenser Bedeutung, weil Christopher ihn kurz vor seinem Tod in der Wildnis von Alaska niederschrieb, als er nichts mehr an seinem Alleinsein ändern konnte. Dennoch bereute er nichts. Zumindest wollte er, dass das die Nachwelt glaubt. Und damit ist es seine Wahrheit. Ich denke, dass seine Feststellung deshalb stimmt, weil wir soziale Wesen sind. Die Frage ist eher, ob es sinnvoll ist, immer nur glücklich sein zu wollen. Das Leben ist so facettenreich. Ich reise also auch allein, um die melancholischen Gedanken zu denken, mich mit ihnen auseinanderzusetzen, in Sehnsüchten zu zergehen und die Änderung meiner Stimmung zu genießen, sobald jemand mein Alleinsein unterbricht.

Am Tisch neben mir sitzt ein Australier um die siebzig. Er empfindet vielleicht ähnlich wie ich. Also beschließt er, ganz

beiläufig, den einsamen Moment in einen gemeinsamen zu verwandeln. Er spricht laut aus, was alle finden: »*It's a beautiful view.*« Es ist eine schöne Aussicht.

Ich nehme seine Bemerkung auf, und die nächsten acht Stunden verbringen wir wie zwei alte Freunde, die sich eine Menge zu erzählen haben. Wir analysieren das Alleinsein auf Reisen, wir spekulieren darüber, ob wir uns in seiner oder meiner Heimat viel zu sagen gehabt hätten, und wissen beide, dass sich im Alltag unsere Leben nicht berühren würden. Wir freuen uns, dass wir uns begegnet sind, obwohl wir uns nie wieder sehen werden. Es gibt so viele freundliche Menschen auf der Erde. Das ist für mich eine Essenz des Reisens. Sie besteht aus dem Gefühl einer weltlichen Geborgenheit.

Potosí

Im Berg

Obwohl es noch zu früh zum Schlafen ist, liege ich fröstelnd in einem Mehrbettzimmer und ziehe zwei Decken über mich. Sonst ist niemand hier, ganz Potosí scheint verwaist zu sein. Vielleicht entsteht der Eindruck auch nur durch die eisige Höhe und die Kargheit der Berge. Draußen nieselt es, Regentropfen prasseln gegen die Fensterscheibe, der Wind wird heftiger, Menschen suchen eilig einen Unterschlupf.

Dann klopft es an meine Zimmertür. Unschlüssig öffne ich. Vor mir steht eine junge Frau, die ich nicht kenne. Sie heißt Katha und fragt, ob wir gemeinsam zu Abend essen wollen, schließlich seien wir die einzigen Menschen in einem großen Haus voller leerer Mehrbettzimmer, und sie fühle sich einsam.

Es erfordert unglaublich viel Mut, an eine fremde Tür zu klopfen und eine derartige Aufgeschlossenheit zu zeigen. Dafür bewundere ich Katha. Außerdem ist es eines der wenigen Male überhaupt, dass ich einer alleinreisenden Frau begegne. Auf dieser Reise habe ich bisher nur Männer kennengelernt, das wird mir erst jetzt bewusst. Und ich kann kaum glauben, dass ich selbst in dieser Situation, isoliert in einem leeren Zimmer am Abend, noch einen Menschen kennenlerne, mit dem ich erneut bis tief in die Nacht Geschichten austauschen werde. Mit Kathas Auftauchen sind jegliche Zweifel vergangen: Ich kann allein unterwegs sein. Ich weiß, wie ich mich in der Welt bewegen muss. Vielleicht klopfe ich demnächst einfach selbst an fremde Türen.

Unschuldig ragt der ockergelbe Kegel des Cerro Rico auf etwa viertausend Metern in den Himmel. Doch der Schein trügt, denn der Berg frisst Menschen. Der Cerro Rico tauscht Silber, Zinn und andere Mineralien gegen Leben. Man vermutet, dass hier im

Laufe der Jahrhunderte mehrere Millionen Menschen umkamen. Die nach Südamerika verschleppten afrikanischen Sklaven starben oft an der Höhenluft und anderen Strapazen, die die fremde Umgebung ihnen abverlangte, noch bevor sie überhaupt zu den Silberadern des Berges vordringen konnten. 1638 beschrieb der Anthropologe Fray Antonio de la Calancha ein besonderes System der Sklaverei, das Mita-System. Die spanische Kolonialmacht forderte von den einheimischen Männern über achtzehn unter Androhung der Todesstrafe, dass sie alle sieben Jahre für vier Monate ohne Lohn und Sonnenlicht in den Stollen arbeiteten. Dabei seien achtzig Prozent der männlichen Bevölkerung gestorben, so Calanchas Einschätzung.

Ich bin an einem besonderen Ort, dem Mercado de los Mineros. Hier gibt es eine Zutat zu kaufen, die nirgendwo sonst auf der Welt öffentlich legal erhältlich ist: Dynamit. Ich kaufe die makellos weißen Stangen, die eher wie ein Kinderspielzeug wirken als wie ein explosiver Sprengstoff. Ich verstaue reinen Alkohol, Kokablätter und Zigaretten in einer Tüte mit dem Dynamit und nehme sie für die Minenarbeiter als Geschenke mit. Noch amüsiert mich die wilde Mischung in meiner Hand.

Festgetrocknete Spuren einer dunkelroten Flüssigkeit kleben über dem niedrigen Eingang der Mine. Es ist das Blut der Lamas, mit dem die Minenarbeiter das Gestein besprenkeln. Sie opfern die Tiere dem Berg und hoffen im Gegenzug auf Schutz, wenn sie in die Schächte hinabsteigen und ihr Leben diesem Ungetüm überlassen, das Reichtum verspricht.

Ich gehe in einer kleinen Gruppe von acht Menschen auf den Schienen entlang, die zum rauen Eingang führen und schließlich in einem dunklen Loch verschwinden. Katha ist vor mir, Ricardo führt uns an. Er arbeitete bereits als Kind im Cerro Rico. Jetzt bringt er Touristen her, während seine Kumpel, die Mineros, immer noch nach Adern suchen.

Neben dem Pfad, auf dem wir zur Mine gehen, stehen kleine Baracken, auch sie wurden mit Lamablut versehen. Ihr Dach ist aus Wellblech und Plastik zusammengeflickt, es kann weder die Kälte in der Nacht noch die Hitze am Tag zurückhalten. Kurz vor dem Eingang bleibt Ricardo stehen. Er scheint ein fröhlicher Mensch zu sein. Er strahlt und grinst, erzählt viel und weist uns ein letztes Mal mit erhobenem Finger an: »*Don't forget your humor! That is very important for us!*« Verliert euren Humor nicht! Das ist sehr wichtig für uns! Die Stimmung in der Gruppe ist heiter, wir sind jung, wollen was erleben, sind offen für jede Erfahrung. Witze werden nach Ricardos Aufforderung hin und hergeworfen. Alle lachen.

Ein letztes Mal blicke ich in den blauen Himmel, bevor mich die Dunkelheit umschließt. Der Stollen ist bereits schmal, er wird von Holzbalken gestützt. Das Licht meiner Grubenlampe flackert hektisch hin und her, ich muss gebückt gehen, auf meinen Kopf achten. Ich bin neugierig, aufgeregt, vielleicht auch angespannt. Noch weiß ich nicht, dass diese Öffnung, der Eingang zur Mine Candelaria, eine der größeren im feinen Wegenetz ist, das sich durch den Berg zieht.

Der Tunnel wird immer unförmiger, die gebückte Haltung erschwert das Gehen enorm, der Untergrund ist jetzt uneben, manchmal matschig. Rohre führen am Stein entlang, durch Holzbalken abgesperrte Schächte erstrecken sich neben mir, ein Sturz könnte verheerend sein. Im Innern des Berges wird es wärmer. Das Licht meiner Grubenlampe trifft auf den giftigen Staub, der massenweise in der Luft schwebt. Immer wieder glänzen die Wände nun in bunten Farben, grelles Gelb, Orange, Rot. Das Atmen wird schwerer, die Hitze nimmt zu, sie drückt, ich fasse an meinen Hals. Die Schutzkleidung, die wir vor der Tour anziehen sollten, wird zur Last, obwohl sie vor den tückisch funkelnden Mineralien schützt.

Vor mir öffnet sich ein Raum, Ricardo ist stehengeblieben. Wir befinden uns in einer kleinen Höhle. Erleichtert setze ich mich auf einen Balken neben die anderen. Vielleicht wäre ich hier umgedreht, wenn ich gewusst hätte, was noch vor mir liegt.

Uns gegenüber sitzt der Tío, eine im Berg hockende, mannsgroße Teufelsgestalt, die trotzdem den liebevollen Namen »Onkel« trägt. Er bewacht die Unterwelt, zwingt die Menschen zur Huldigung, denn er gebietet über Leben und Tod. Zwischen katholischer Religion und dem Glauben der Ahnen verbindet sich mit seiner Gestalt die Idee eines ganzen Weltbildes, das in der Finsternis der Minen herrscht. Wer ihn nicht oder nur unzureichend verehrt, erlebt, wie der Stein über seinem Kopf zusammenbricht, der Transportwagen in der Mine, die Lore, seinen Körper zerquetscht oder das Dynamit falsch gesprengt wird. Tote werden jeden Monat aus dem Berg getragen, das ist Alltag. Tío kann grausam sein.

Ricardo erklärt, dass die Opfergaben für den Tío sehr wichtig sind. Also zündet er eine Zigarette an und steckt sie der Teufelsgestalt in den geöffneten Mund. Tíos Nase ist bereits vom Rauch der unzähligen Zigaretten geschwärzt, doch das stört den Höllenonkel nicht. Anschließend verteilt Ricardo Kokablätter auf seinem Schoß. Ein paar der Blätter bleiben auf seinem riesigen, erigierten Penis liegen. Dieses Detail lässt die Gestalt noch irritierender wirken, zur Bedrohung durch den Berg kommt die verstörende Sexualität eines Teufelgottes hinzu. Ricardo dreht nun eine Plastikflasche auf und gießt ein wenig Flüssigkeit vor die Füße der Statue. Es ist der Alkohol, sechsundneunzigprozentig. Dann nimmt er einen großen Schluck aus der Flasche und gibt sie in die Runde. Wir zollen dem Tío unseren Respekt, der Alkohol wird zur Selbstbestrafung, das Trinken purer Schmerz. Doch ich möchte ihn nicht herausfordern. Ich kann mir zunehmend vorstellen, dass sich der Aberglaube in echte Kräfte zu verwandeln vermag, hier unten, wenn keiner zusieht, im Schutz der Dunkelheit. Plötzlich bin ich mir nicht mehr sicher, ob wir die Riten vollziehen, weil Ricardo uns die Kultur der Mineros zeigen möchte, oder ob wir tatsächlich um eine sichere Rückkehr bitten. In einem Brief an den Tío schreibt der bolivianische Schriftsteller Víctor Montoya: »Jetzt, wo ich mir dein Bild ein weiteres Mal anschaue, kann ich mich des unguten Gefühls, dass du mich wie mein Schatten verfolgst, nicht erwehren.«

Und noch während ich über die irrsinnige Möglichkeit nachdenke, dass die Riten hier unten vielleicht ihre Berechtigung haben könnten, höre ich ein unheimliches Dröhnen im Berg, das sich schnell nähert. An einer Lore hängend kommt ein Arbeiter aus einem der Gänge angerast. Eilig springt Ricardo von den Schienen und drückt seinem Kollegen eines unserer Geschenke in die Hände – eine Tüte voll mit Kokablättern. Vergnügt präsentiert er uns seinen Kumpel. »*This is José, the motherfucker.*«

Weil keiner lacht, fügt er hinzu: »Seht ihr, das ist unser Humor. Jeder Minero im Berg hat einen Spitznamen, und weil das Leben hier unten so dunkel ist, werden es die Witze auch.« Ich ahne mit Blick auf den Teufelspenis, dass der Humor vielleicht der schwärzeste ist, der mir je begegnete. »Mit den Spitznamen werden nur die komischen Eigenschaften betont. José ist der Motherfucker, weil er eine Frau hat, die seine Mutter sein könnte«, berichtet Ricardo weiter und nimmt dabei noch einen Schluck aus der Plastikflasche, bevor er sie Tío an die Seite stellt. Dort stehen bereits einige leere Flaschen, Tío ist durstig. Josés Frau ist Witwe geworden, als ihr erster Mann im Berg starb und sie mit sechs Kindern zurückließ. Damit sie und die Kinder weiterhin ernährt werden konnten, musste sie erneut heiraten, und weil die meisten Männer das fünfzigste Lebensjahr nie erreichen, heiraten alte Frauen junge Männer. Die Gemeinschaft der Minenarbeiter hat ein System etabliert, das ihre Mitglieder bestmöglich versorgt. Trotz der logischen Erklärung können wir uns nur ein höfliches Schmunzeln abringen. Den Humor zu behalten, erweist sich als schwierig. Ein Stück der anfänglichen Heiterkeit fehlt, als wir weitergehen. Sie bleibt bei Tío zurück, auch davon ernährt er sich.

Wir biegen in einen Gang ein, der zunehmend niedriger wird. »Jetzt geht es tiefer in die Mine herab«, sagt Ricardo, und ich sehe in den Gesichtern meiner Mitstreiter, dass ihr Lächeln nur noch Fassade ist. Es ist längst davongehuscht und lässt eine leere Maske zur Tarnung zurück. Vor mir befindet sich ein schmaler Schacht, der nach unten führt. Hitze schlägt mir entgegen. Ich kann nichts sehen, die schwirrenden Grubenlichter der Gruppe strahlen nur für kurze Augenblicke in eine Richtung, bevor sich die Köpfe wieder drehen. Orientierung ist aussichtslos, jeder Versuch lässt mich kleiner werden, der Berg gibt den Weg vor. Meine Oberschenkel sind vom ständigen gebückten Gehen etwas zittrig, als ich den Fuß auf die Sprosse einer morschen Holzleiter stelle, die mich in die Unterwelt zerrt. Wir bewegen uns zunehmend durch Gänge, die gerade so hoch sind, dass wir darin krabbeln können. Ich habe keine Ablenkung, alle Eindrücke, die auf mich einschlagen, sind so bedrückend, ja von solcher

Intensität, dass ich plötzlich unsicher bin, ob mich Panik überwältigt. Ich halte an, die Füße meines Vorgängers werden immer kleiner. Ich brauche frische Luft und ziehe die Handschuhe aus. Den Mundschutz habe ich längst unters Kinn geklemmt. Ich öffne den Anzug ein wenig. Nichts passiert. Schon in Potosí ist der Sauerstoff knapp, im Berg eigentlich kaum noch vorhanden. Ich will mich aufrichten, doch das Loch, in dem ich stecke, ist gnadenlos. Mein Rücken schmerzt, mein Kopf pocht, spitze Steine bohren sich in meine Knie. Ein gigantischer Berg thront über mir und droht mich mit all seiner Hitze und Dunkelheit zu erdrücken. Es muss einen Teufel geben, anders ist dieser Ort nicht zu erklären. Unglücklich erkenne ich, dass ich der einzige Mensch bin, der mich aus diesen Gängen wieder befreien kann. Wenn ich hier unten den Verstand verliere, bleibe ich bei Tío. Also krieche ich vorwärts, Stück für Stück, und ertrage all die Gedanken, die mich befallen.

Wieder öffnet sich der Raum ein wenig, und Arbeitsgeräusche dringen an mein Ohr. Obwohl ich weiß, dass der Berg voller Mineros ist, kann ich es nicht fassen, dass hier unten tatsächlich Menschen arbeiten. Zwei Männer befüllen eine Lore, ihre Wangen sind rund von den Kokablättern, die sich in ihrem Mund befinden. Die Droge bewirkt, dass die Dunkelheit nicht ganz so trübe, der Hunger nicht ganz so groß, die Müdigkeit nicht ganz so schwer ist. Also werden die Wangen immer dicker, die Kokablätter immer zahlreicher. Und falls das nicht hilft, gibt es noch den Alkohol. Dieser Ort verlangt Betäubung, wenn man ein Mensch bleiben will. Ich bringe Nachschub und lasse meine Geschenke da. Ich bin mir nicht mehr sicher, ob sie tatsächlich Geschenke sind oder vielmehr eine stumme Aufforderung, weiterzuarbeiten. Ich frage Ricardo, ob die Männer es nicht seltsam finden, wenn wir ihnen bei der Arbeit zuschauen. Doch Ricardo meint, dass sie stolz auf ihren Beruf sind, in dem sie mehr Geld verdienen als viele andere Bolivianer, da sie die Mineralien selbst verkaufen können. Sie arbeiten in Kooperativen mit flachen Hierarchien. Allerdings sind sie somit auch für ihre Schutzkleidung und Arbeitsmaterialien verantwortlich.

Plötzlich donnert es erschreckend nah. Ich kann das Geräusch nicht verorten, kleine Steine rieseln von der Decke. »Das war eine Explosion, dafür habt ihr das Dynamit mitgebracht«, sagt Ricardo, noch bevor jemand fragen kann. Tío hat aufgepasst, die Gänge sind frei. Ich atme jetzt vorsichtig, die bedrückenden Vorstellungen verstärken sich. In diesem Berg arbeiten so viele Menschen und keiner weiß, wo die nächste Explosion stattfindet. Keiner weiß, was der andere gerade tut. Wie kann das sein?

In einer Ecke sitzt ein alter Mann. Er lächelt und grüßt, ohne zu sprechen. Ricardo erklärt, dass er hier unten sterben wird, ihm gehe es nicht gut, seine Lunge sei kaputt, derzeit komme er nicht mehr aus der Mine heraus. Doch Ricardo bewundert ihn. So alt werden nicht viele. Auch der Sterbende bekommt eine Tüte voll mit Kokablättern. Er hebt zum Dank die Hand. Dann lassen wir ihn zurück.

Ricardo will wissen, wie es um unseren Humor steht. Er führt uns vor einen weiteren Schacht und erklärt, dass die Kopfschmerzen zunehmen werden, wenn wir runtergehen. Entsetzt starren wir in die Leere, die anfänglichen Witze sind aufgebraucht, wir sind keine Gruppe mehr, nur noch Einzelkämpfer. Endlich durchbricht jemand die Stille und spricht die erlösenden Worte. Es sei in Ordnung, zurückzugehen. Zustimmendes Murmeln, keiner will länger im Berg bleiben. Dieser Abgrund und alle Mineros, die in ihm sind, werden uns verborgen bleiben.

Für einen Moment bin ich fassungslos, als Ricardo sagt, dass wir den ganzen Weg wieder zurückgehen müssen. Was habe ich erwartet? Einen Notausgang für die Touristen?

Der Rückweg ist lang und elendig. Noch einmal höre ich die Sprengungen in der Mine. Ich bin gefangen in kreisenden Gedanken, ein wenig ängstlich, beschäftigt mit mir selbst. Noch habe ich keine Zeit, mich um die Mineros zu sorgen oder die Arbeitsbedingungen zu kritisieren. Jetzt will ich nur wissen, wie lange es dauern wird, bis das Licht zurückkommt.

Bevor ich den letzten Schritt aus der Mine heraustrete, streife ich meine Handschuhe ab. Meine Handflächen sind gerötet, leicht verbrannt von einem ätzenden Stoff in dem kurzen Moment, da ich die Handschuhe ausgezogen habe. Obwohl die Lebenserwartung der Mineros schockierend niedrig ist, stellt sich mir die Frage, wie sie es überhaupt jahrelang im Berg aushalten. Keiner der Arbeiter, die ich traf, hatte die gesamte Schutzkleidung an. Der Mensch ist erstaunlich. Das Licht des Tages ist befreiend, doch es reicht nicht aus, um den Kopf zu beruhigen.

Die Minen von Potosí beschäftigen mich so nachhaltig, dass ich beschließe, mein Busticket nach Uyuni am Nachmittag verfallen zu lassen und erst am nächsten Tag abzureisen. Katha und ich müssen reden, über alles. Über das Leben der Menschen in den Minen, über die Moral des Tourismus, über Erfahrungen, Träume, Fehlschläge, Krisen und über das Glück, in Deutschland geboren zu sein.

Wir gehen durch Potosí. Es heißt, die Stadt war im 17. Jahrhundert die größte der Welt. In Spanien gibt es noch immer die Redewendung *vale un potosí,* die so viel wie »es ist ein Vermögen wert« bedeutet. Mit einer matten Taubheit betrachte ich die

verfallene Pracht der Innenstadt. Als wir zum Platz des 10. November gelangen, stehen wir vor einer Freiheitsstatue, die 1890 eingeweiht und von dem Architekten der amerikanischen Freiheitsstatue Frédéric-Auguste Bartholdi erschaffen wurde. Im Jahre 1810 begann der Unabhängigkeitskrieg in Potosí. Doch ich sehe keine Unabhängigkeit. In der erhabenen Position, mit der Fackel in der Hand und der Sternenkrone auf dem Kopf, kommt mir die Statue so heuchlerisch und verlogen vor. Sie steht in einer Stadt vor einem Berg, der seit Beginn des Jahres 2011 keine Spitze mehr hat, auch dort ist bereits ein dunkles Loch. Der Berg bricht langsam in sich zusammen. Ich möchte die Freiheitsgöttin zum Tío schicken, damit er ihr die Unterwelt zeigt, in die die Menschen dieser Stadt tagtäglich hinabsteigen. Ich bin mir sicher, ihr Rücken würde krumm werden und ihre Fackel würde erlöschen.

Und während ich dieses Kapitel zu Ende schreibe, denke ich, dass es gut möglich ist, dass das Silber, das Wolfram und das Kupfer, aus denen mein Laptop unter anderem hergestellt wurde, aus der Mine des Cerro Rico stammen.

Sur Lípez
Stille

Nandus, straußähnliche Vögel, schauen erschrocken auf, als sie den Geländewagen über die buckelige Piste fahren sehen. Sie laufen über den rauen Boden und staksen über verlassene Schienen. Die Gleise verlieren sich in der Ferne, wir sind in Julaca, Bahnstation und daher auch ein wichtiger Ort in dieser Gegend. Knapp über sechzig Menschen leben hier in der Unwirklichkeit. Ihre lehmfarbenen Häuser wachsen aus der Erde. Abseits von ihnen liegt ein kleiner Friedhof auf einem gewaltigen Hochplateau, das wir in den nächsten Tagen durchqueren werden.

Ich sitze in einem Geländewagen mit Ohm aus Thailand, Marisol aus Peru, Héloise und ihrer Freundin aus Frankreich und Andrew aus England. Auf dem Dach stapeln sich diverse Utensilien, die wir vielleicht in der Gottverlassenheit dieser Gegend brauchen werden. Eine mögliche Panne muss aus eigener Kraft behoben werden. Es wird die letzte Tour sein, bevor ich nach La Paz zurückkehre und schließlich abreise.

Doch diese Landschaft, dieses Wunderbild, das sich im Süden Boliviens an der chilenischen Grenze erstreckt, hilft mir dabei, Zukunft und Vergangenheit auszublenden. Sie zieht mich hinein in die Gegenwart, in den Augenblick, von dem es heißt, man solle ihn aufsaugen.

Eisiger Schnee überzieht die Spitzen der gelben Wüstenberge, die sich majestätisch aus dem sandigen Boden in den Himmel erheben. Geheimnisvolle Lagunen ergießen sich in die Täler, um mit der Landschaft zu verschmelzen. Je nach Sonnenstand ändern diese Gewässer aufgrund kleinster Lebewesen, die auf die Wärme reagieren, ihre Farbe und bilden grelle Salzkrusten an ihren Rändern. Dabei erschaffen sie einen Lebensraum für pinke Flamingos, die in Scharen die seichten Gewässer auf der Suche nach Nahrung durchwaten.

Staunend stehe ich nach stundenlanger Fahrt kurz vor Sonnenuntergang auf einem Hügel. Das Abendlicht fällt auf die Laguna Colorada. Sedimente und Algen färben sie rot. Wie in Trance beobachte ich Flamingos, die ihre Flügel spreizen, auf dem Wasser laufen und sich schließlich in die Luft erheben. Ihre Schwingen gleiten tief über den violetten Salzsee, und ihre Spiegelbilder folgen ihnen auf der ruhigen Oberfläche. Es ist unglaublich, dass die Vögel hier, abgeschottet auf über viertausend Höhenmetern, die extremen Temperaturschwankungen überleben und sich von dem wenigen ernähren, das das Rot des Sees für sie bereithält. Das Naturschauspiel, das sich vor mir ausbreitet, ist unfassbar schön. Ich hoffe, dass die Nacht Aufschub gewährt, nur ein Mal. Doch wenig später liege ich frierend in einem Häuschen, Wolldecken drücken schwer auf meinen Körper, ich mag ihren Geruch. Und während ich einschlafe, bleibt das Bild der fliegenden Flamingos bei mir.

Ein seichter Schimmer am Horizont zeigt, dass der Tag kommen will. Das Auto rumpelt durch die Nacht. Wir nähern uns der chilenischen Grenze, die erst im Salpeterkrieg von 1879 bis 1884 gezogen wurde, als Bolivien seinen Zugang zum Meer verlor. Scheinwerfer irren durch das Dunkel und stoßen plötzlich auf eine Rauchsäule, die aus einer kleinen Öffnung aus der Erde geschossen kommt und sich im Schwarz verläuft. Wir haben das Geysirfeld Sol de Mañana auf fast fünftausend Metern erreicht. Die Mondlandschaft brodelt und raucht, als sich meine Schritte vorsichtig vom Auto entfernen. Wir wurden gewarnt, dass ein Sturz in eines der Schlammlöcher tödlich endet, so heiß ist das kochende Gemisch. Schwefelgeruch liegt in der Luft und dampfende Schwaden umhüllen unsere Körper. Die Atmosphäre dieser

Vulkanregion ist mit einer Mystik aufgeladen, die durch das spärliche Licht des anbrechenden Tages zusätzlich gespeist wird.

Im Morgenlicht baden wir in heißen Quellen und sehen zu, wie nasse Haarsträhnen in der eisigen Luft erstarren. Wir springen durch die Salvador-Dalí-Wüste, schleudern den Sand mit den Schuhen in die Luft und bewundern den Árbol de Piedra, eine Felsformation, die wie ein versteinerter Baum ihre massige Krone störrisch emporreckt. Wir klettern auf bizarre Steingebilde, erkennen Fantasiewesen in ihnen und nehmen schließlich an der chilenischen Grenze Abschied, als drei von uns weiter nach Pedro de Atacama reisen. Die Schönheit der Gegend, eintönig und vielfältig zugleich, hat uns zusammengeschweißt. Still ist die Rückfahrt nach Uyuni.

Nicht weit vom Hexenmarkt sitze ich auf der Dachterrasse eines bunten Häuschens, das sich nahtlos in die Gassen der Innenstadt von La Paz reiht. Die Sterne funkeln über mir, ich habe mich von allen Menschen verabschiedet, die ich in dieser Stadt kennenlernen durfte. Jetzt gibt es nur noch mich, die letzte Nacht und diese Stadt.

Die Steinplatten auf dem Boden sind bereits ausgekühlt, als ich die Gegenwart verliere. Doch das ist in Ordnung, Gedanken an Zukünftiges und Zurückliegendes sind wichtig, besonders, wenn ein Umbruch bevorsteht.

Mit dieser Reise endet gewissermaßen ein Lebensabschnitt. Die Studienzeit liegt hinter mir, das Referendariat vor mir. Ich werde das erste Mal hauptberuflich eigenes Geld verdienen und damit unwiderruflich erwachsen werden, obwohl ich lieber ein Peter Pan wäre.

Während ich nun auf das Lichtermeer von La Paz schaue, übermannen mich die Erfahrungen der vergangenen Monate. Sie werden sich erst in den nächsten Wochen stückchenweise sortieren lassen. In den letzten Tagen dieser Reise habe ich die Gewissheit erlangt, dass ich mich allein in der Welt bewegen kann, wenn mir danach ist. Dieser Gedanke ist befreiend, mein Lebensweg bleibt offen.

Ich glaube, es gibt niemanden, der wirklich weiß, wie Abschiede funktionieren. Am Ende gehe ich einfach, Worte und Blicke bleiben zurück. Welche Bedeutung sie letztlich hinterlassen, kann ich nicht länger kontrollieren.

Ich danke

Marianna Hillmer und Johannes Klaus für ihr großes Vertrauen, die herzliche Zusammenarbeit und die liebevolle Gestaltung dieses Buchs;
Hanna Schuler für konstruktive Kritik und ein sensibles Lektorat;
Dana Lungmuss für die großartige Coverillustration;
Christian Plien für die gewissenhaften Korrekturvorschläge;
Philipp Laage für die geduldige Beantwortung meiner Fragen und den Satz: »Immer daran denken: Zweifel sind normal«.

Ich bedanke mich außerdem bei:
allen Menschen, mit denen ich durch Bolivien und Peru reisen durfte, und jenen, denen ich unterwegs begegnet bin und die mir ihre Geschichten anvertraut haben;
Sigi, der mich in nächtlichen Aktionen nach Berlin fährt und uneingeschränkt unterstützt;
meinen Großeltern für ihre Ratschläge und Anteilnahme;
meinen Freunden, die mich ermutigten, mein Weinglas füllten, mit mir reisten und mich im Schreiben bestärkten;
meinem Vater, der stets an mich glaubt und mir Kreativität sowie die Begeisterung für fremde Länder vermittelte;
Timon, ohne dessen Zuversicht dieses Buch nicht entstanden wäre.
Besonderer Dank gilt meiner Mutter, größter Fan und Kritiker zugleich, die mir Wurzeln und Flügel schenkte. Danke, Mama, für bedingungslose Liebe und Vertrauen!

Glossar

Aymara Das Volk der Aymara, das ungefähr zwei Millionen Menschen umfasst, lebt im Andenraum auf dem Altiplano in Bolivien, im Süden Perus und im Norden Chiles. Die Aymara gelten als eine der ältesten noch lebenden Volksgruppen der Hochanden und sind nach heutigen Erkenntnissen die Nachkommen der Tiahuanaco-Hochkultur, die lange vor den Inkas existierte.

Churros sind längliche Krapfen mit sternförmigem Querschnitt. Das Fettgebäck wird in Öl frittiert und mit Zucker bestreut.

Cushma ist eine aus Baumwolle gewebte Tunika, die von einigen indigenen Völkern des Amazonasregenwaldes getragen wird.

Gringos Ein vor allem in Mittel- und Südamerika verwendeter Slangbegriff für ursprünglich von Mitteleuropäern abstammende Personen. Je nach Land variiert der Begriff leicht in seiner Bedeutung und Wertung.

Inka ist heute eine indigene urbane Kultur in Südamerika. Gemeinhin werden als Inkas jene Eliten bezeichnet, die vom 13. bis zum 16. Jahrhundert über ein weit umspannendes Reich von über 200 ethnischen Gruppen herrschten. Die großartigen Bauwerke wie z.B. Machu Picchu, das weite Straßennetz und das vollendete Kunsthandwerk sind besonders bemerkenswert, da diese Kulturleistungen überwiegend mit menschlicher Muskelkraft vollbracht wurden.

Isla Incahuasi ist eine felsige Erhebung im Salzsee Salar de Uyuni im bolivianischen Hochland. Auf ihr wachsen jahrhundertealte Kakteen der Art Echinopsis atacamensis.

Lliclla (dt. Lliklla) ist ein rechteckiges, handgefertigtes Schultertuch, das von Quechua-Frauen aus den Anden in Bolivien und Peru getragen wird. Es wird an der Vorderseite verknotet oder mit einem verzierten Stift namens Tupu zusammengehalten.

Maniok wird im Volksmund auch als »Kartoffel der Tropen« bezeichnet und ist eine vielseitige Knolle, die ursprünglich aus Mittel- oder Südamerika stammt.

Nandu ist ein flugunfähiger Laufvogel, der in Südamerika beheimatet ist. Nachdem um die letzte Jahrtausendwende einige Nandus vom Hof eines deutschen Züchters ausgebrochen waren, siedelten sie sich auf den weitläufigen Ackerflächen und Wiesen des UNESCO-Biosphärenreservats Schaalsee-Elbe in Mecklenburg-Vorpommern an. Mittlerweile fühlen sie sich dort so wohl, dass sie den örtlichen Bauern Sorge bereiten. In Südamerika sind sie allerdings vom Aussterben bedroht.

Quechua	ist sowohl ein Begriff für eine Sprachenfamilie, die in den Anden gesprochen wird, als auch für die Angehörigen der Ethnien, die die Sprachvarietäten des Quechua sprechen.
Salteñas	sind aus Bolivien stammende, herzhafte Teigtaschen. Sie sind mit Rind, Schwein oder Hühnchen und einer süßen, leicht würzigen Sauce aus Oliven, Rosinen und Kartoffeln gefüllt.
Uros (dt. Urus)	sind eine indigene Volksgruppe am Titicaca-See bei Puno in Peru, die die sogenannten »schwimmenden Inseln« aus getrocknetem Totora-Schilf herstellen. Sie leben hauptsächlich von der Fischerei und dem Verkauf von Souvenirs an Touristen.
Wiraqucha	ist eine andine Schöpfergottheit, die vor der Eroberung durch die Spanier von allen Völkern der Zentralanden verehrt wurde.